U0939782

# 养成良好习惯，高效管理时间

［英］杰米·希尔 著
刘阳晓露 关芊蔚 安捷 译

天津出版传媒集团
天津人民出版社

# Contents
# 目 录

# INTRODUCTION

# 前 言

“最不善用时间之人最先抱怨时间之短暂。”

——让·德·拉布吕耶尔

时间……它追逐着我们所有人，而我们永远无法将它停止。当我们沉浸欢愉之中，它总是加快脚步；当我们身陷不悦之境，它又总是放慢脚步。

为什么欢乐的时光总是飞逝而过呢？

为了使我们的每一天时间最大化，进而从中获得更好的结果，我们需要规划、安排每一天，做一名熟谙生活之道的“黑客”。如若不然，时间便会如沙粒一般，从手中溜走，让人纳闷这一天都发生了什么。我们总是经常问自己如下问题：

时间都去哪儿了？

一想到时间，我总会想起《小飞侠》中的嘀嗒鳄鱼。自从吞下了一只嘀嗒行走的钟，这条鳄鱼便用尽一生去追逐虎克船长。在我看来，这是时间的绝佳比喻。时间总是追逐着你，而你永远无法逃脱。正因我们似乎总在不停奔波，却无处可达，所以常会感觉我们像在绕圈跑，而时间恰从身边飞逝而过。

因此，想想你在一天中必须要做的事。你有多忙？如果你跟我一样，那么一天中就会涉及各个领域、方方面面。我每天的日程都排得满满当当。

你是否需要在一天中塞入很多不同的活动和任务呢？

我的生活非常忙碌，以下仅为其中的一部分要务：

★ 全职工作
★ 拥有两家网站
★ 尽可能经常写作（这是我在 Kindle 平台的第八本书）
★ 已婚
★ 有两个孩子
★ 有一条狗——需要遛狗

要将以上所有内容纳入我的生活，我需要规划、安排；否则，我就无法把一切都处理妥当。偶尔也会有一些事情未能妥善处理，这种情形一旦发生，我就会感到失望和心烦。

如果某一天，你没有严守好习惯或正确管理时间，便可能会觉得这一天被荒废或不完整，进而可能感到压力。这类感觉需要避免，或阻止。否则，坏习惯会悄悄地重回生活。

因此，我总是提醒自己何为每一日的核心，也就是最重要的内容。

我需要坚持执行那些自己建立的好习惯和日程表。

确保遵循日程表，有助于生活按照我所希望的方式度过。当然，说到保持好习惯，我们偶尔都会疏忽犯错，在本书稍后面的部分，我们将探讨**如何持之以恒**。

保证持续践行好习惯，这是充分利用时间的关键。我们可以通过为每一个好习惯设定时间块，从而充分利用生活的方方面面。不过，在谈论最佳方法之前，我们首先说说为什么需要坚持遵守日程表，以及随之而来的益处。

本书的下一章，我会首先叙述我自己的一些好习惯，然后讨论我为自己建立一个好习惯的过程，以此为例，说明为什么坚持某个习惯并将其纳入每日日程表中是有好处的。

# MY GOOD HABITS
# 我的好习惯

“只管做吧！首先养成你的习惯，然后让习惯成就你！”

——卢卡斯·雷默斯瓦尔

谈到好习惯，很多人都是虽然嘴上说了，可实际做了吗？许多人的言谈和行为都会让人不禁想到政客的那句话——“照我说的做，尽管我没做”。

我拼命把尽可能多的好习惯添入自己一天的生活里，同时极力将坏习惯从生活中剔除。坏习惯会浪费大量时间，因此，最好尽快将其扼杀在萌芽状态。

好习惯=更好的时间管理。

以下是我为自己生活增添的一些好习惯：

- ★ 戒酒（几乎 9 年未沾酒精）
- ★ 坚持健康的膳食
- ★ 定期锻炼
- ★ 保持家中井然有序
- ★ 保持规律的作息

这些好习惯都有待谈论，但我知道，这些习惯之所以能得到坚持，是因为长期以来，我每一天都在生活中使用它们。每个好习惯都有与之相应的专有时间块——这一点稍后详述。此外，我还有许多好的小习惯，例如：

★ 每天至少阅读 10—15 分钟
★ 每天整理铺床铺
★ 每天洗澡、刮胡子——讲卫生是一个非常好的习惯
★ 下午 1 点后不再摄入咖啡因——不但节省时间，而且有助睡眠
★ 上床睡觉前关掉插座和电器的开关——大约耗时两分钟，还能省钱
★ 晚上准备好早晨的咖啡，起床时就可以喝了

这些都是省时的绝佳小习惯，在我的生活中，小习惯和大习惯同等重要。

我现在要说的是最近发生在我身上的一个例子。我最近新增的好习惯是每天写作 500 字，并且下定决心完成此书。当初，我给自己定的目标是，在保证质量的前提下，尽快完成 15000 字，同时保证这是我所能写出的最好作品。而且为了达到目标，我需要确保自己坚持每天写作。

尽管我总会尽量每天写作，但由于工作和个人生活等各

种原因，我会连续好几天只字不写。起初，我以为这是一个好习惯，因为效率依然很高，但在自我分析后，我得出结论，这其实是一个坏习惯，会让我的内心感到焦虑。

我之所以审视自己的行为，是因为我本该喜爱做的事开始对我产生了反作用。要知道，由于我在工作日内有不写作的情况，到了周末，我就要花大量时间疯狂敲击键盘，尽力达到 5000 字或更高的目标。这有什么问题呢？

我给自己施加了太多压力，成了一个填鸭式写作者。

在周末时光中投入长时间用于写作，我开始感到厌烦。由于工作日期间没有尽可能经常写作，我让自己处于不必要的压力之下。

要改变写作习惯，我能做些什么？为了使效果更好，我该如何稍作调整呢？分析了上述问题后，我决定制定每月至少 15000 字的目标，这样算下来每天至少要写 500 字。

只要我坚持这个习惯，每天写 500 字的目标非常容易实现。

我的下一步计划是，在最初的几次写作过程中，对打字进行计时，以便了解写作 500 字需要多长时间，进而把这个新习惯纳入日程表中。

当你希望在生活中增加某个好习惯时，我始终建议采用计时的方法，测量完成预期习惯所需的时间。大多数好习惯通常不会占用过多时间。一旦你知道了完成习惯所需的时间，并发现遵守习惯只需花费很少的时间后，你就更有可能把习惯坚持下来。

通过时间管理，好习惯能够极好地保持下来。你可以根据需要，把一天规划成多个时间块，给每一个好习惯分配一定的时间。

我对自己的写作模式进行了几次追踪记录，结果发现，我写完 500 字需要大约 30 分钟。

30 分钟！为什么我之前没想到这个主意呢？

知道了完成每日写作计划所需的大致时间后，我的压力大大减少，并能够坚持每天进行写作了。

有时候，由于起床困倦或者稍遇写作瓶颈，我可能需要花费更长时间完成 500 字的目标，不过大多数早晨，咖啡似乎可以助我解决这个问题。

大力水手有菠菜，而我有咖啡！

对于我所热衷的事情，每天花 30 分钟并不算多。当写作成为习惯，文字就会快速轻松地流过我的指尖，落在键盘上。但如果由于生活其他方面的原因，我感到了压力，那么我甚至可以选择替代方法来完成 500 字的目标：我甚至可以每天进行两次 15 分钟的写作，或者三次 10 分钟的写作。

我总是尽量在早上起床后进行写作，并且固定在 30 分钟内，完成 500 字的目标。我这么做是因为我习惯早起，而且我确实感觉早上的时光最高效。虽然两次 15 分钟的写作是不错的备选方案，但我不喜欢在深夜打字，这似乎不符合我的个性。另外，我早上 6 点起床，此时不太可能受到其他家庭成员的打扰，我可以全神贯注。

最近一项研究表明，大多数人最高效的时段，其实是在起床之后，通常是一天中最开始的那 3–5 个小时，我觉得我绝对属于这一类人。

通过每天在自己最高效的时段写作 30 分钟，我还知道了在此期间我所写的内容质量更高，写作效果也可达到极好。周末下午的填鸭式写作会让我既感疲惫，又有压力。在此情况下，不但写不出好的作品，而且还会把时间浪费在重写等事情上。

改变我的习惯，把好的写作习惯纳入我的日程，对我的生活产生了巨大影响。如今，我切实感觉到周末有更多的时间放松，花时间更好地陪伴妻子和孩子，而不必一整个下午或晚上都伏在桌前敲击键盘，给自己不必要的压力去完成疯狂目标。

在优化好习惯的过程中，我得到了更多的快乐。

每天写完那 500 字是一种绝佳的感觉，让我的一天飞速起航！

我利用应用（www.coach.me）来记录我的每日日程。我稍后会谈论这样做的好处。

更好地管理你的时间会让你生活的各方面产生更积极的结果，同时让你拥有更多时间，让工作更有满足感。

# TECHNIQUES
# 技 巧

“好习惯是值得沉迷的事物。”

——约翰·艾文

借助某些技巧是培养好习惯的最佳方式。这些技巧通常都是简单却又非常有效的“小把戏”，能帮助我们“哄骗”大脑，让我们开始着手完成任务。

说实话，绝大部分人在结束一日忙碌的工作回到家以后都会非常疲倦，只想坐下来好好放松，所以这时候即使是最简单的任务也会令人厌烦。但若借助特定技巧，我们就可以行动起来，开始培养好习惯。通常一旦行动起来，我们不仅能开始培养好习惯，还能够达到预定目的，有时甚至还能超越预期目标。所以，小把戏仅仅是开始。

接下来一起来看看这些能促使我们行动的简单技巧吧：

**五分钟法则**

当想要培养新的生活好习惯（即使是最简单的好习惯）时，你都会感到很困难吗？会不会觉得每件事情都看似无从下手？又或者你只是单纯地不想去做？

运用“五分钟法则”，你能开始培养自己希望养成的生活习惯，时间一长，你还会发现自己用于培养好习惯的时间可以远远超出 5 分钟甚至更长。

你只需要说服自己不会在这个新习惯上花超过 5 分钟的时间。你可以借助计时器为自己计时，一旦时间满 5 分钟则停下来。

我在培养很多不同的好习惯时，都会运用这一法则。这个法则奏效的原因很简单——有谁会真的抽不出短短 5 分钟时间来培养好习惯呢？举个例子吧，当你想要收拾房子的时候，你可以试试每日花五 5 分钟来收拾某一片区域的东西，比如每次收拾一个抽屉。到 5 分钟之后就停下来，第二日再继续。试想，假如每日都花 5 分钟用来整理房间，一个月之后房子会变得多么整洁呀！那时你就会发现原来自己在一个月内能做好这么多事情。

“哄骗”大脑花费如此短的时间就能培养好习惯，这个想法很容易就会占上风。而且就如前面所提到的，久而久之，你会发现自己轻易就能够完成 5 分钟的目标，有时候还能花费超过预期时间用于培养好习惯。这确实能够极大地影响你的生活，并带来数不清的积极改变。

## 计时法则

你是否常常希望自己的生活中能有更多不同的好习惯，却因这些习惯看起来太费时而迟迟未行动呢？时间实在太宝贵了，应该珍惜每分每秒，我很认同这一点，就像我们前面谈到的，时光飞逝，我们要善于利用时间。如果从长远角度看，培养这些自己希望拥有的新习惯如何能够更节省时间并改善生活状态呢？

这就要求我们弄明白哪些习惯更适合自己。一种方式是抱着尝试性的心态尝试不同的习惯，并计时以记录完成相应任务所须花费的时间。通常，这一技巧的可行性在于以下两个方面：

1. 你说服自己这次新尝试只不过是一次性的，所以你很容易就能全身心投入并开始行动；或者这个习惯需要花太多时间，而你已经开始尝试并说服自己继续坚持下去；又或者可能你以后都不会再做同样的事情了，所以小试一次也无妨。

2. 你很好奇到底培养一个新习惯需要花多长时间，是否真的会有自己预想的那么久呢？弄清楚培养新习惯是否真的难以做到，这可能也算是一种动力。这个新习惯是否值得一试呢？你会很想弄清楚新习惯带来的成效，所以你会开始尝试以一探究竟。

其实大部分习惯培养起来都没有预想中费时。我在前面提到过，起初我培养写作习惯的目标看着挺吓人，但计时让我知道“写作 500 字”实际所需的时间后，坚持写作便完全不成问题了。

### 太阳耀斑法则

“太阳耀斑法则”源于太阳耀斑的活动规律。通常来说，太阳耀斑起初很小，然后随着时间的推移逐渐变得巨大。你有没有从中得到一些关于坚持习惯的启发呢？

举个例子吧，你希望培养散步的习惯，以此作为一种锻炼方式，为了体验其中的益处，你想要每日散步 20 分钟，但你认为一下子实现这个目标似乎是个不可能完成的任务。这时候你就可以试试做一个计划，让自己先从小目标开始，譬如在第一个星期，只绕着自家房子走 1—2 分钟。这样的时间规划有没有让你跃跃欲试？试问有谁连每日短短的一两分钟都没办法空出来呢？如果想要记录下自己的进度，这时计时器又可以派上用场了。

继续以散步这个习惯为例，在完成第一个星期的小目标后，你便可以试着延长散步的时间，继续坚持下去。到第二个星期时，可能你已经能够每日散步 4 分钟了，到第四个星期结束时，你就接近每日轻松散步 20 分钟的预定目标了。之后你可以尝试将目标调整为每个星期抽出 3 日来散步。

所以，也许只需要 4 个星期，你就能从刚开始的完全不散步，到养成每天散步几分钟的习惯。最后养成每周 3 次、每次 20 分钟的散步习惯。

### 番茄工作法则[①]

我爱番茄工作法则。这一法则适用于由始至终地完成任

---

① 弗朗西斯科·西里洛于 1992 年创立的一种相对于 GTD（Getting Thing Doned 的缩写，把事情做完）更微观的时间管理法。在短短的 25 分钟内收获的不仅是效率，还有意想不到的成就感。

务，而且对坚持习惯有极大帮助。番茄工作法则的操作原理是，工作一段时间，然后让自己放松一阵子。最常见的时间分割为工作 25 分钟，休息 5 分钟，在休息时段内可以做任何自己想做的事情。

番茄工作法则有助于培养较有挑战性的习惯，或许是与工作有关的事务，甚至像粉刷、装饰房子这类事情也可以运用这一法则。

知道自己随后将拥有一段专门的放松时间，而且在这个时段内可以做任何想做的事情，会令人较易专注于眼下正在培养的习惯或正在做的事情。这是另一个“心胜于物”的技巧。专注手头上的事情 25 分钟，放松 5 分钟，这对绝大部分人都有效。当然，你也可以根据自己的情况调整工作和放松的时间长度，找到最适合自己的时间分割。

我告诉我的孩子们在做作业时可以运用番茄工作法则，并惊喜地发现成效非常显著。他们通常会在休息时段喝点饮料、吃点零嘴、有时还会在 YouTube 上看个 5 分钟的小视频。

## 弄清楚自己无法开始行动的原因

这个方法有利于大家更好地了解自己并找到阻碍自己行动（着手做某件事或是培养新习惯）的因素。思考一下为什么没能去做自己想要做的事，然后试着把你能想到的原因写下来吧。

这里让我们举一个培养晨跑习惯的例子。

这时候你需要动用逆向思维，找出自己做不到晨起跑步的原因，并一探究竟是什么在阻碍你晨练：

★ 太累了，没办法比平时早起
★ 花了很长时间才找到跑步装备
★ 不知道可以去哪里跑步

你很希望培养晨跑的习惯，但却抽不出晨跑的时间或是找不到动力。如果这种情况发生在我身上，我可能会尝试：

★ 让自己的思绪回到晨跑前夜，从晚餐开始
★ 保证自己吃上一顿健康的晚餐，能吸收丰富的蛋白

质

★ 在晨跑前夜找齐跑步装备

★ 规划好晨跑线路

★ 比往常早些睡觉

★ 将闹钟设定为比平时早 30 分钟

一个简单的计划将会随以上步骤完成。准备是行动的关键，做足准备能够消除负面情绪，让自己能按计划醒来，并清楚知道从起床、穿衣到出门晨跑需要做的事情。

这个方法几乎适用于所有情况。当你赶跑所有借口之后，心境就会有所改变，就能行动起来培养自己的好习惯了。

**使用具有督促效果的工具**

具有督促效果的工具不但能起提醒作用——提醒你应该做什么，并且能够让你明确自己的进度与成效。

对于使用具有督促效果的工具，我有如下两个建议：

LIST YOUR GOOD AND BAD HABITS

列出你的好习惯和坏习惯

“坏习惯实力强大且易生嫉妒。如果你不采取措施将它们铲除，它们是不可能自己轻易离开的。它们以一种不易察觉且四周扩散的方式为自己的生存而战。”

——多萝西娅·布兰德

**1. 使用日历**

买一个日历和一支马克笔。然后选定未来的一个日子并用马克笔画上×，这表示你希望在这个日期之前达成某个特定的目标，譬如将“写作 500 字”这个目标坚持一个月，达到至少 15000 字的月度写作目标。

现在你已经设下一个目标，并计划在选定日期前达成。这个截止日期会带来压力，但一般情况下，如果我们知道自己必须在某个日子前完成一项任务，我们将会有更好的表现。

在一个月内，每个能够做到好习惯的日子，我们都给它画上×。这一连串的×会让你拥有满满的成就感，让你充满动力地将这个习惯坚持到截止日期。

**2. 借助应用**

在培养写作习惯时，我用到了两款应用。应用可以帮助记录进度，让你清晰了解自己的当前状况，并督促你将习惯坚持下去。

## COACH.ME

我用的第一款应用来自网站 www.coach.me。你可以下载手机版应用或者直接在网站上创建账户并登录打卡。首先给自己想要培养的习惯起好名字（如我所创建的“每日写作500 字”），然后每日完成目标后就可以打卡，同时写个简要描述。完成任务打卡后屏幕会显示一个绿色的勾。对我来说，这个绿色勾是心安的象征，因为我又成功将习惯坚持了一天。目标当然就是尽可能多地坚持打卡，创造一连数日的记录。

此外，这个应用还有社区驱动的功能。你可以选择加入群组，这些群组是由与你拥有相似目标的人组建而成的。我在 coach.me 网站上输入“500 字每日（500 words a day）”进行搜索，便发现几个已建立的社区群组。我加入了#500weds群组，所以现在除了给自己的目标打卡以外，我还会到社区群组报到。群组里的其他成员都是很出色的人，通过向群组成员发送“支持”，大家可以互相激励、共同进步。

这个通过发送支持而互相勉励的想法实在太棒了！你并不知道其他成员会在什么时候遭遇瓶颈或遇到阻碍，所以你向他们发出的具有支持意义的留言或许恰恰就是他们所需要的额外动力。

Habit Bull

我要推荐的第二款应用是Habit Bull。这款应用跟“日历法则”类似，创建账户后，你可以输入自己想要培养的习惯的名称。之后每日你只须登录，记录下自己进度，并确认自己已完成当日任务，按时完成任务的日子会被画上圆圈。

我发现看着手机上一连串被画上圈圈的日子，确实能令我动力满满，也能让我保持专注，而且在极大程度上鼓励着我长久地坚持下去。

另外，你也可以使用 Habit Bull 和“日历法则”来摆脱坏习惯。假如你爱咬指甲，你可以尝试用相同的方法，在日历上标记出自己成功克服这个坏习惯的每个日子。30 日之后，你便可以暂停记录不咬指甲的天数了，届时你将可能完全摆脱这个坏习惯。随后你便可以向克服另一个坏习惯进发，以此类推。

这些技巧不仅帮助我培养了几个新的好习惯，更帮助我将这些好习惯长期地坚持下去。

一个能提高每天效率并能更好管理时间的办法，就是列出所有当前使你浪费时间的坏习惯。

在便签上列出你能想到的所有坏习惯，比如吸烟、喝酒、睡眠不足、吃垃圾食品等。这样你会开始更严格地要求自己。这种练习的目的在于找出能在一天内挤出时间的方法。

比如，你是一个烟民，那你每天有多少时间花在吸烟上？工作间隙你会吸烟吗？如果答案是肯定的，我猜每个工作间隙你会吸上 5—10 分钟，那如果你突然手头没有香烟了呢？你会冲向小商铺买上一包。另外一个例子是，你早上因为赖床太久，在房间找东找西，结果上班迟到。这背后的原因是你昨晚睡得太晚，所以想改变这样的局面，早睡即可。

在你列出自己所有的坏习惯以后，将他们标上号，这样就一目了然了：是放弃所有的坏习惯，还是将他们稍作改变使其更好地服务于你的生活。比如：我猜想对大多数人来说，短期内戒烟绝非易事，所以和香烟的抗争将是一场持久战。但你可以列个计划，从减少每日吸入量开始。这样的方法也可以帮助你在短期内养成早睡早起的习惯。

列出坏习惯可以很好地给你的生活来场“大扫除”。也许有时你会怀疑自己是否能完成这些改变，我给你的一条建议是：

一次一个改变。

千万别试图一次改变太多，那样只会使你误入歧途，不能在你预想的改变上持续下功夫。记住，这是一场马拉松，而不是短跑。

一次一个改变更实际，相较于一次性做出诸多改变，这样的方式更易成功。专注于大量坏习惯只会让你徒增压力，集中注意力一次改变一个坏习惯吧。

当你坚持完成一项改变后，这个时间可能是一周也可能是一个月，不管这个时间有多长，请相信你已经改掉了一个坏习惯，一定要保持住。将其在坏习惯列表中划去。

那一划会让你感觉超棒！

知道自己能做出改变，并将其一以贯之地执行会给让你相信一切皆有可能。你会自信满满地做出其他改变。改掉坏习惯的感觉很不错!

仅仅改掉一个坏习惯以后，你会发觉时间更充裕，你也能开始更好地管理一天的时间。

那为了使自己有更多的可支配时间，你还能养成一些怎样的好习惯呢?

你能匀出更多时间创造更光明的未来吗?

为了更好地了解自己，你不必死死地盯着坏习惯不放，你也可以以同样积极的态度让自己更自信。

接下来，我们需要列出自己的好习惯。

列出自己的好习惯是增强自信的一个极为有效的方式。我相信我们的生活并不是充斥着坏习惯，人人也都拥有好习惯。如果不把它们一一写下来，也许你都不会意识到它们的存在。

尽可能多地列出好习惯。比如：你是否会在每天离开家前整理床铺呢？这是一个好习惯！你又是否每晚准备好孩子们第二天的午餐便当，而不是第二天早上匆匆忙忙地拼凑呢？这也是一个好习惯！

在你列出了所有好习惯后，你还需要另外一张表，这也是最重要的一步。

让我们继续下一章节。

LIST GOOD HABITS YOU WANT TO ADD TO YOUR LIFE

列出你希望自己拥有的好习惯

“你每一次小小的决定，都将最终成为你的习惯，并影响你做出人生重大抉择。”

——吉姆·乔治

在分析完自己的好习惯和坏习惯后，接下来我建议再列一个单子。它会帮助你达成既定目标，成为好习惯运作的“机器”，最终它会使你提高管理时间的能力。

接下来要列出的是你希望自己未来能养成的好习惯，并开始每一天为之努力。

这一步的关键同样是每次迈出一小步。你已经列出了自己所有的坏习惯以及你是多么希望它们能从你的生活中立即消失。所以，当体验过坏习惯离开后的心旷神怡之后，你现在可以开始为养成更多的好习惯而积极改变。

别给自己太大压力，慢慢来。控制自己希望养成的好习惯数量，我也希望这些好习惯的养成是具有可操作性的；不切实际的好习惯不仅实施起来有难度，即使养成也难维持。比如：如果你希望每晚给孩子读 10 分钟故事，这会是一个好习惯，也易于养成；一旦你将它纳入你每日计划，它很容易成为你的习惯并持之以恒。请记住，这是一个你希望养成习惯的愿望清单而并非人生愿望清单，所以你最好别加上诸如“我想成为宇航员”之类的愿望。

问问自己哪些好习惯是你可以养成的。对我自己来说我每次回家总是不记得把钥匙随手放在了哪里，我得改掉这个坏习惯，因为重新找回钥匙实在是太花时间了，所以我在进门处准备了一些钩子，我就会记得一进门就把钥匙挂上。这样一来的确给我省去了不少找钥匙的时间。这个改变对我来说很容易，从坏习惯到好习惯的改变就在一念之间，也很容易坚持，过不了多久我就会开启“自动模式”：踏进家门=挂钥匙

再过一段时间你也会形成这样的条件反射，就像你早上淋浴后会穿上工作套装，你不会在这种每天做的事情上做过多思考，因为日复一日的重复已经让你养成了这样的习惯。

所以，一旦你对日程做出些许改变，看似不起眼的好习惯会对你的生活产生重大影响。动手列出时间清单，会给你未来节省不少的时间，也能帮你在能力范围内最大限度地管理好时间。

在列出你希望养成的好习惯这件事情上，我的建议是：

★　将好习惯的数量控制到最低

★ 别列出一些需要花费大量时间才能养成的好习惯
★ 分析一下这些习惯养成后会给你节省多少时间
★ 列出的好习惯要切合实际、易于操作
★ 确保这些好习惯会给你的生活带来积极影响
★ 一次养成一个好习惯

就像我之前所说的那样，小改变的确会有大效果。它会使你更好地管理时间，进而给你更多自由去做你想做的事。

那如果你不能坚持已经养成的好习惯呢？

这是我们下一章将讲述的内容。

## FALLING OF THE WAGON
## 如何做到持之以恒

“坏习惯实力强大且易生嫉妒。如果你不采取措施将它们铲除，它们是不可能自己轻易离开的。它们以一种不易察觉且四周扩散的方式，会为自己的生存而战。”

——多萝西娅·布兰德

坚持一个好习惯最初一定是很困难的。正如上一章所说，你得开启自己的自动模式才能将其形成习惯，改变生活。

每个人都可能在某个时刻无法坚持，没人能保证自己万无一失，因为人无完人，所以每个人都有因为没能坚持而没有改变的坏习惯。

虽然你很清楚好习惯对你大有裨益，能节省时间，但可能有多种原因导致你没能坚持好习惯，这些原因可能如下：

**工作**

也许由于某种原因工作让你身心俱疲；最后期限近在眼前或者你整日忙于工作；可能有诸多和工作相关的原因影响了你的心情。

**个人及家庭生活**

要想家庭生活幸福且像时钟一样有序，好习惯就显得尤其重要。但有时一个小问题的出现，就可能使好习惯中止。

除去金钱和人际关系，对多数人而言我能想到的拦路虎还有以下两个：

### 健康

你一定有过这样的经历吧——当你备受感冒折磨，苦苦挣扎一整天后，唯一的奢求就是晚上回到家，钻进被窝好好睡一觉。当这样的日子来临的时候，它们影响我们的也许不仅仅是一天而会是好几天，这个周期的长短取决于我们身体恢复的状况。当身体状况不佳时，好习惯就会戛然而止。

### 其他坏习惯

我这里要说什么呢？其他的坏习惯可能导致你在失去一个好习惯的同时沾染上另一个坏习惯。比如：酗酒。首先在我看来，酗酒属于不良嗜好，我本人滴酒不沾。一旦你开始酗酒，你接下来可能会有无数的坏习惯：

- ★ 穿着脏兮兮的鞋进入房间
- ★ 衣服散落在地
- ★ 很晚才睡

★ 晚睡所以第二天一早匆匆忙忙

★ 因宿醉而精神萎靡

★ 浑浑噩噩，早餐吃垃圾食品

★ ……

类似的坏习惯可能无穷无尽，而它们的罪魁祸首都是酗酒。

在沾染上这些坏习惯后，你又将浪费多少时间呢？你已经没有认真执行你的计划表，进而导致更多问题产生。结果你不仅感到压力倍增，更恨不得将自己痛打一顿，而且接下来的一段时间你可能都是这种状态。

在坚持好习惯的过程中我们都可能遇到困难，我们要做的是避免坏习惯给我们的生活带来连锁反应，导致我们染上更多的坏习惯，就像多米诺骨牌效应。比如：你吃一块蛋糕，可能会搭配一些冰淇淋，接着你也许还会喝一些含糖饮品。这样的吃法也许让人更享受，但第一块蛋糕已经制造了一个多米诺效应，这样的事情发生在我们生活的方方面面。但同样我们也可以把这种效应用在好习惯上。比如：晨跑后回家喝水，这样可能会使你在一天当中避免食用不健康的食物。

如果你会在某一时刻中止培养好习惯，你得赶紧回归正轨，重新开始按计划表生活。

别这样浪费更多时间：

- ★ 为没能执行计划而自暴自弃
- ★ 为自己的错误而感到压力山大
- ★ 怀疑自己是否能回归正轨

以上行为唯一的作用就是浪费更多的时间，一旦你陷入这样的困境，你只需立刻做两件事情：

**好好想想造成现状的原因**

想想自己的计划是怎样被打断的，自己又为什么没能坚持养成好习惯。根本原因是什么呢？你是否能解决这样的问题，使它们不再继续影响你的生活？如果问题或者坏习惯能够从你的生活当中消失，就尽快将它们解决。

## 尽快回归正轨

继续坚持好习惯，避免中途放弃很重要。永远别想“我下周或者下个月再重回正轨”。一旦发现自己偏离了轨道就得立即回归。当下永远是最佳时机，切莫等待，等待只是为放纵自己继续在坏习惯的温床中浑浑噩噩找借口。比如，是坚持节食计划还是吃垃圾食品。

中途放弃执行计划会让你知道一团糟的计划会浪费你多少时间。只需做好以上两个步骤，你就能立刻回归正轨。

# STICKING TO A SCHEDULE
# 坚持遵守日程表

“你可以耽搁，但时间不会。”

——本杰明·富兰克林

如果我们要真正地充分利用时间，尽最大努力管理好每一天，那么我们需要创建一个日程表，并且坚持遵守它。

坚持遵守日程表的两个主要好处是什么？

★　我们将有把握完成每日目标

★　坚持遵守日程表将使习惯保持下去

如果可以把每日的目标转变成习惯，我们就能成为更加高效的人。

开始保持的习惯越多，我们的常规活动就会更顺畅地进行；即使最单调的任务，也不再会是苦差事。

使习惯坚持下去是需要时间的，可能是一个月，或许更长。虽然这个过程因人而异，但结果都将相同。

★　你将在一天内完成更多的任务

★　你将不再推迟那些急需完成的任务

★　你将变得更有条理

这三个结果将使你充分利用好时间，减轻压力，获得成就感。

我建议撰写一个日程表，不管是在笔记本上、手机上，还是个人电脑上。如此一来，你可以为今后的一周做计划，把已经完成的每一天和每一项任务划掉。

如果你能够使制定日程表的习惯坚持下去，你就会觉得时间立刻变得更有条理了。

# AREAS WHERE OUR TIME CAN BE MANAGED WITH GOOD HABITS

# 能改变生活的好习惯

“培养成习惯，设定明晰的书面写作目标的习惯；它们是指引你到达目的地的路线图。”

——罗伊·班奈特

我们可以把一天分解成多个时间块。大部分人的生活方式是极其相似的，每天重复着相同的动作，我觉得这有时候看起来略似电影《土拨鼠之日》[①]。不过，我们可以利用这一点，提前做计划。

因此，我建议你写下与下列标题类似的标题；如果你觉得你需要添加更多，或者删除一些，但做无妨。

写下诸如吃喝之类的标题后，我建议接着写下你每天所做的事，例如早餐、午餐、晚餐，然后看看是否可以把我的建议纳入你的个人常规活动之中。

对于这些建议，你可以随时略加调整，使之更适合你自己。其实，如果你这么做的话，益处将会更大，而且在将来，你甚至可以对这份清单进行更多调整。

对大多数人来说，我认为一天可以分解成以下类目：

---

① 美国电影，讲述了一位气象播报员遭遇暴风雪后，发现时间始终停留在前一天，无法前进，从而开始了重复的人生。

- ★ 吃与喝
- ★ 睡眠
- ★ 健身
- ★ 工作
- ★ 休息/社交/爱好
- ★ 家庭时间
- ★ 个人生活/让家井然有序
- ★ 做好应急准备

这些是我们可以分割的生活领域，从中我们可以轻易探寻自己的好习惯和坏习惯，以及我们可以做些什么。通过保持现有的好习惯、增加更多的好习惯，确保我们更好地管理时间。

我知道，如果你是轮班工作，或者你有一个小孩，就会难以遵循设定好的日程表。我对此表示理解，但是我也希望，本书概述的一些建议可以帮到你。不管是仅仅写下一个日程表，还是列写出一份日常生活清单，都能使你的生活变得更有条理，实为一件奇妙之事。

在本书接下来的几章，我将依次讨论上述的各个领域，并提供可以应用于其中的好习惯，使你为自己创造更高效的一天。不过首先让我们讨论一下，为什么了解我们目前的生活习惯很重要。

# UNDERSTANDING OUR DAILY HABITS
# 了解我们的日常习惯

“习惯即模式，即使最小的习惯，也能揭示你是怎样一个人。”

——贾罗德·金兹

写下日常习惯清单妙处在于，这几乎像是写一本迷你书，使我们的一天都见于纸上或电脑上，让我们更好地了解我们一天需要做些什么。

日常习惯清单也让我们看到，我们的时间浪费在哪里，进而我们就能知道，哪些事是完全可以从日程表中删除的。这能让给我们有更多时间去完成其他任务。

了解我们的日常习惯是至关重要的，这能让我们更多地了解我们的生活模式，了解我们每天所做的事，以及在相关任务上花费的时间。

例如，在“健身”项下，你可以确定你目前在锻炼身体上花了多少时间。对于大部分人，这或许不难；也许，你每日跑步要花 20 分钟，但如果你不太确定，便可以开始测量你在活动上花费的时间，然后把计量的时间记在你所列出的活动旁边。要了解你列出的活动花费多少时间，记录时间是至关重要的，这可以帮助你更详细地完成日程表。

不过，更重要的是了解在准备这些活动时，你的其他行为可能浪费了时间

- ★ 你是否在浪费时间寻找跑鞋
- ★ 你能否还在选择另一条更短的跑步路线
- ★ 你回到家时，饮品是否已经准备好了
- ★ 你是否会花 5 分钟时间打开手机或 MP3，以便在跑步时听音乐

相同的分割可以应用于我们在日间和夜间所做的其他一切事情。如果继续把每日习惯的各个区块进行细分，我们就可以更好地了解我们的常规活动。

这些费时项可以被删除或调整，我们也可以运用一种更为结构化的思维方式，把想法付诸行动，使我们一天中的每个区块都更有条理，例如提前准备晚餐等。

我们的日常习惯是我们的写照，如果我们更好地了解我们的日常习惯，以及花费在这些习惯上的时间，我们就能更好地控制我们的时间。也许你将不再开会迟到；再往后，你或许会准时；甚至更好，你会稍微早到。

通过你的守时情况，人们会更多地了解你；准点及时很能说明你的生活方式和个性。那些迟到和匆忙行事的人，经

常被视为缺乏条理；如果你准时抵达或稍微早到，人们就会认为你有条理、靠得住。

一旦你通过日常习惯更好地了解自己，其他人也会对你有一个好的印象，认为你是可以信赖的。

所以，我们首先要谈的时间区块是吃与喝，以及在处理这两项重要任务时，我们能够如何充分利用时间。

# EATING AND DRINKING
# 吃与喝

“好习惯难以形成，却容易相伴。坏习惯容易形成，却难以忍受。如果我们不能有意识地形成好习惯，我们就会无意识间形成坏习惯。”

——马克·马特森

正如我们所讨论过的，我们所概括的最重要的时间块将包括我们每一天的所做所为，我们将称之为日常习惯。

本章的内容是吃与喝，以及我们在这两项重要任务上如何节省时间。

首先，我们谈谈吃。

## 吃

我们都需要有规律地进食，一般是一日三餐——早餐、午餐和晚餐。有序安排、提前计划是非常好的主意。

在吃方面，我所建议的省时方法包括：

### 1. 为下一周做准备

花费一个下午，为下一周备餐，以节省时间。

### 2. 额外多煮一些食物

举个例子，如果你在煮意大利面，是否可以多煮一点，留作第二天的午餐？当你煮多了，那些由于额外多煮而剩余的食物可以留作第二天晚上的绝好加餐。

### 3. 购买已经切好的冷冻或新鲜蔬菜

冷冻蔬菜既好用又健康。购买已经切好、可以即用的胡萝卜等蔬菜，能够替你节省大量准备食物的时间。

### 4. 购买一个焖炖锅

焖炖锅非常好用。一旦你准备好了食物，你把锅开启即可，经过一天的慢慢烹制，等你回家的时候，炖菜就做好了。我喜欢用焖炖锅炖肉，而且真心觉得这是做牛肉的最佳方法。

### 5. 考虑购买其他省时产品

我还有一个烤架和一个搅拌器，这两样东西都能为我节省烹饪的时间。我可以在烤架上烤鸡，最多只需10分钟——甚至更少时间，这比用烤箱烤制要快多了。

### 6. 制定一份非常详细的购物清单

把你的购物清单尽可能地写详细些。也就是说，只买你做饭要用的食材，把食材种类减到最少。如果是网上采购杂货，这会节省你下订单的时间；如果是去商店里购买，这会帮助你更快地进行备餐。

### 7. 请肉店的人把肉处理好

你是否去肉店买肉？为了节省时间，请肉店的人帮忙，替你把肉剁好、去皮、切掉肥肉。这会为你回家后节省很多时间。

提前备餐，把肉剁碎切丁——这些都是易于践行的建议，能让你腾出一些重要时间，有望使你不仅享受吃饭的过程，而且享受做饭的过程。

如果你可以让一项活动不再感觉是一件苦差，完全将其转变成一个日常习惯，你就会很快发现自己坚持遵守着日程表，省时也随之将成为此过程中一件自然的事。

## 喝

除了食物，我们每天还需要摄入水分，但在这方面如何省时呢？尤其是当我们被建议每天至少该喝八杯水。

在水分摄入方面，虽然我们的省时方式不太多，但依然有几条小建议可以采用。

### 1. 在前一晚准备咖啡

你早上是否需要喝一杯咖啡来开始新的一天？我知道我是如此。我最近买了一台配有电子计时器的滲滤式咖啡壶，它使我能够提前一晚准备好咖啡。如此一来，当我早上 6 点起床，来到厨房开始新的一天时，咖啡已经就绪了。

### 2. 使用保温杯

你是否常常中途停车，去咖啡店或者加油站买咖啡？一个简单的建议是，买一个保温咖啡杯，在家里把杯中灌满你最喜欢的研磨咖啡，然后带上路。这个好习惯既省时又省钱。这会花费上你几分钟的时间冲泡咖啡，而不必开车去咖啡店，花费10—15分钟排队等候，还得来回上下车。想到这里，这个习惯就能坚持了。

### 3. 买一台即时热水机

我会喝很多茶水，但我每天早上浪费了很多时间烧开水。于是，我决定买一台热水机。现在，我只要想喝热水，即刻就能喝到了。

### 4. 购买瓶装水，并将瓶子留下以便重复使用

我会喝很多瓶装水，并认为这是保证我达到每天建议饮水量的简便方法。水分摄入是极其重要的，一天之中，你只有保持身体水分充足，才能处于最佳状态。因此，我现在会购买瓶装水，第一次喝完后，把空瓶留下，重新灌满水，然后放进冰箱准备第二天喝。

同样，这意味着不必中途停车去商店买饮料。现在，从

把空瓶灌满到放入冰箱第二天备用，我大概要花 20 秒。

我总是尽量在晚上完成上述任务，如此一来，早上就不必匆匆忙忙了。

**5. 一天之中，选择特定的时间，暂停工作去喝水**

尽管通过一些有效步骤，我们可以节省花在喝水上的时间，但有一点非常重要，那就是我们不能完全不摄入水分。不喝水是很危险的，所以，你要始终确保自己摄入了建议的饮水量。

如果你不健康、不强壮，那么你就更有可能生病，这会浪费你生活中的所有时间。所以，保持补水吧！

当你试图在吃与喝的过程中形成好习惯时，这些简单易行的建议应该会帮你省时省钱。

提前计划并坚持好习惯应该完全不成问题。

下一章中，我们将谈谈为什么睡眠对我们的日常时间表如此重要，以及为什么睡一个好觉至关重要。

# SLEEPING
# 睡 眠

“新钉逐旧钉，新习替旧习。”

——德西德里乌西·伊拉斯谟

在睡眠方面，最重要的一点是我们要保证每天至少有持续 7 小时的良好睡眠，8 小时更佳。唯有保证睡眠，我们才能以最佳状态保持一日的良好习惯，应对一日的大小事务。

那么我们是否可以在睡眠问题上节省时间呢?

我们需要记住每日都要保证 7–8 小时的高质量睡眠。所以在睡眠问题上，我们要做的是更好地保证睡眠，而不是尝试节省睡眠时间。除非你只睡 4 小时也能够保持良好状态，要不然最好打消缩短睡眠时间的念头。

因此，如果我们能有更规律地睡眠，我们就能精力充沛地应对每日的任务和习惯。做到这一点远比单纯缩短睡眠有益处。

早睡早起让我们在清晨就能开始一日的生活，并让我们在动身去上班之前就处理好尽可能多的事情。

但如果睡眠质量不理想，则意味着次日早晨我们会比往常晚些起床、会感到疲倦，会因为无法完成既定任务而扰乱日程，便也无法好好利用一日的时间，从而陷入恶性循环中。

所以为了把握好自己的作息时间，我们最好能制定一个睡眠计划表。对此，我有如下建议：

**早睡**

想要培养并保持健康良好的作息习惯，早睡尤其关键。太晚睡觉的话会让你感到过度疲劳，导致晚间睡眠质量欠佳。

**早起**

想要保证早起，首先要保证每晚都坚持做到早睡。

睡一个好觉并早起，将有益于你的身心健康，开始一日的生活。早起意味着你在早晨有更多的时间保证自己有序的生活，甚至你还可以在晨间的日程表中增加另外的一项活动——可以是你喜欢做的阅读或写作又或者是一项家务。

越晚起床则意味着你为出门做准备的时间越短，你就只能以匆匆忙忙出门上班作为一日的开端。

### 形成良好的睡前习惯

拥有好的睡前习惯十分重要。良好的睡前习惯会让你放松下来。大家一般都能够抽出一点时间来做好睡前准备——可以是深呼吸，可以是小小的睡前阅读，又或者是准备好第二日要穿的衣服（可以帮你省下早晨的宝贵时间）。

我会建议大家花 10–15 分钟的时间来调整好自己的睡前状态，以迎接一晚安睡。

### 不要在晚间喝茶和咖啡

晚上切记要躲开咖啡因！我诚心地建议大家在下午 1 点之后就别再碰咖啡因啦。坚持这个习惯将能够确保良好的睡眠质量。你在得到充分的休息后，第二日又能精神饱满地早起了。

这些琐事很容易就会变成长久的习惯，在众多方面让你受益，并帮助你养成健康的睡眠习惯。

拥有充足的睡眠（大部分人都需要 7-8 小时的睡眠），我们就能够早起，让全新的每一天都更有效率，让我们拥有更多时间来从容地完成更多的事情。

我也明白，并不是每个人都是喜欢早起的人。有些人会喜欢睡懒觉。不过晚起并匆忙地出门上班真的有好处吗？或者可以等到双休日再睡懒觉呀！

工作日早起，你就可以在双休日安心睡懒觉了。不信的话，我们来看看下面两个理由吧：

★ 五个工作日都坚持早起，你可能会感到疲劳了

★ 在早起的工作日内，时间充足的日程表让你已经把更多的事情做好了，双休日需要处理的事情就会变少

培养良好的睡眠习惯、尽可能多地保证每晚都能有高质量睡眠，秘诀在于培养一个由其他小习惯（比如说形成自己的睡前习惯、下午 1 点钟之后不再摄取咖啡因等）积累而成的良好习惯。培养这些小习惯将对你的生活产生深远的影响。

若能培养更多互相促进的习惯，你从中的受益也会越多。睡眠就是一个重要的基础，良好的睡眠不仅能保证我们在一日内有更多可利用的时间，还能保证我们有充沛的精力来培养更多好习惯。

# FITNESS
# 健 身

“不间断的锻炼会让你筋疲力尽；甚至曾经的热情也会沦为抗拒。”

——海伦·莱恩

我喜欢锻炼，而且我觉得锻炼对保持身心健康尤为重要。在我看来，这两者是息息相关的，因而我一直坚持每个礼拜锻炼三次。若身体情况允许，坚持锻炼对我们每个人来说就都是一个好习惯。但是我们到底需要多少锻炼量呢？我们应该花多少时间在锻炼上呢？多少锻炼量才是合适的呢？

各人的身体机能状况都不尽相同，所以关键在找到最适合自己的锻炼方式，并尽力执行一份妥善分配时间的日程表，以保证自己有“充裕的”时间来进行锻炼。如果可行的话，你轻易地就能感受到生活的差别——早晨醒来时你会更有精神，并且接下来的一整天你都会精力充沛。

要是我每天都锻炼的话，那么锻炼就会开始变得无趣，我便很有可能会无法坚持，这样一来我就不能好好遵守日程表了，也会放弃一个好习惯。

所以我慢慢地开始尝试，并给自己计时，最后得出了每礼拜锻炼三次的结论。这一锻炼强度能让我保持对锻炼的热情。随后我利用这些锻炼时间集中锻炼我身体的某一特定部位。另外，只要条件允许我也会经常去散步。不过散步时间跟专门的锻炼时间是分开的。

就如本章开头所提到的，我相信锻炼对保持身心健康有着重要意义；而且我也相信锻炼和身心健康这两者间是有关联的：

★　当我们紧张时，身体的什么部位会有反应
★　当我们焦虑时，身体的什么部位会有反应
★　当我们兴奋时，身体的什么部位会有反应
★　当我们有压力时，身体的什么部位会有反应

所有这些情绪都会让我们的胃有反应！

所以我通过制定一个针对腹部的锻炼日程来安排我的锻炼时间。我通过各种腹肌训练来锻炼自己的腹部，保持腹部的健美。

我的观念是，假如你认为身体某个特定部位的健康比其他部位更能给你带来益处，那么你就应该制定一个锻炼日程来专门锻炼这个特定部位。举个例子，如果现在的你每日都要晨跑 5 英里，你就要想想这是否真的对自己有好处？想想自己是否能节省时间、缩短晨跑距离、减少晨跑次数至每礼拜三次？如果不是在为一次跑步比赛做训练准备的话，你是

否真的需要每日都跑这么远的距离呢？你是否可以更合理地分配时间呢？

我还会做一些诸如开合跳之类的有氧运动，帮助保持一日的充沛精力，让我能更专注于需要完成的任务。

但是我不会专门花时间来锻炼手臂肌肉。当然有健硕的臂膀看起来会更帅，但这真的有益健康吗？健壮的手臂肌肉对我真的有帮助吗？我不是干体力活的，我在办公室上班，所以增加手臂力量除了能满足虚荣心外，对我来说益处甚小。

而我相信腹部和大脑是相关的，因此我每礼拜都会利用三次锻炼时间来锻炼腹部，每次大概 10 分钟左右。我觉得这样的锻炼强度已足够达到我想要的锻炼效果了。我练出了腹部肌肉，有效地改善情绪，并让我能很好地应对压力、焦虑等不同情绪。这看似对我很有效，而且我平坦的腹部看起来很不错，这算是额外的回报吧。

所以我会建议你重新考量自己目前的锻炼类型及锻炼计划，并思考以下这些问题：

- ★ 你目前在做些什么类型的锻炼
- ★ 为什么你会做这些锻炼
- ★ 你一般会花多长时间锻炼
- ★ 你每天会在什么时间段锻炼
- ★ 你每周会在哪几天锻炼
- ★ 你想要尝试锻炼身体的其他部位，并达到不同的锻炼效果吗

尽可能尝试打破现有的锻炼计划吧。这样做会让你更加了解自己想要做什么以及想要这样做的缘由。你应该有一个更加明确的锻炼规划，让自己能够在较短的时间内更集中地锻炼，对达到自己的目标更有帮助。

这种方法不仅适用于锻炼方面，它对本书提到的其他方面也十分有效。有一条实现目标的清晰路径将为你省出大量的时间。当你确确实实明了自己希望做到的“那件事”时，你的脑海中将会形成一个更加清晰的规划。

这时候日程表又派上用场啦！我们必须时刻都保证充分利用好时间，所以即使在锻炼时我们也要事先做好规划：

- ★ 挑选一个适合自己生物钟的最佳锻炼时段
- ★ 挑选一个时间安排恰当的锻炼日子
- ★ 做好锻炼计划
- ★ 慢慢推进锻炼安排，如有需要，再增加其他锻炼计划
- ★ 坚持新的计划和日程表

如果你现在已经养成了坚持锻炼的习惯，那就不应该为了节省时间而完全不去锻炼，一旦这样做你就会扔掉一个有益于健康的好习惯。我们需要做的只是更好地利用这段时间——这段培养好习惯的时间，我们可以尝试让锻炼时间更合理，并将它变成日程表的一个部分。

为更好地节省时间，我会建议大家尽可能地做好有序的锻炼前准备。仔细想想，你是否每日都要花上 5 分钟来找自己的运动鞋？这完全就是浪费时间，甚至还会演变成自己不锻炼的借口。

做好锻炼前准备会极大地节省时间。如果能保证一切都井然有序，那么你就能按时开始锻炼和结束锻炼，顺利地在自己选定的日期和时间段内坚持锻炼了。

保证有序地进行锻炼的最简单方法就是将一切必要的及你需要用到的运动装备都放到一个袋子内，这样一来你就能清楚知道每件物品的确切位置了。

★ 用一个足够大的旧运动包装好你所需的一切运动装备
★ 在运动包内放好运动鞋、毛巾、瑜伽垫和换洗衣物
★ 把运动包放置在显眼且触手可及的位置
★ 确保每次运动完都把所有物品重新放置回运动包内
★ 使用冰箱里重新装好饮料的瓶子

像这样，总是保持整装待发会给你节省大量的时间。可以想象之前自己到底在“发愁运动鞋被踢到哪里去了”这个问题上浪费了多少时间，又或者总是要花时间找自己的跑步短裤等等。

即使这样有条不紊的准备节省出 5 分钟的时间，但如果日积月累，每日小小的 5 分钟将会是一份巨大的时间宝藏；年复一年，你就会发觉自己多出了大量的时间。

关于锻炼，我还想告诉大家两个小秘诀：

你在运动的时候会听音乐吗？

过去我常常会在选取更能激发自己锻炼热情的音乐上浪费很多时间，但后来我开始思考自己在找手机或 iPod、开机、找耳机、选音乐等等事情上浪费了多少时间这个问题，有时单是找耳机就要整整花掉我 5 分钟的时间。之后，我发现自己完全可以在不听音乐的情况下跑步、做仰卧起坐、开合跳等等，而且锻炼效果根本不受任何影响，于是在运动时播放音乐这个费时的习惯很快就被克服了。这是心胜于物，我并不需要额外的动力来激励自己锻炼，而且不用花时间找耳机这一点让我感觉很棒。

现在我一切如旧地锻炼，我的锻炼情况和锻炼效果也并没有受到丝毫的影响。

预备两套运动服

我有两套专门为健身准备的运动服。每套运动服我大概会穿 1--3 日，具体视我的流汗状况而定。常备两套运动服能让我自己知道运动包里总会有一套运动服在等着我。在我把身上的运动服放进洗衣机前，我会确保另一套是干净且熨烫好的。

这样做可以省下很多时间。而且我也不会因为没有运动服而打乱自己的锻炼计划。如果我只备有一套运动服的话，那么总会出现无法保证运动服及时洗净、晾干、熨烫好以备使用的情况。这样的状况将导致我轻易地放任自己不遵守日程表的行为，好习惯就会因此无法持续下去。而预备两套运动服等小习惯会让我更好地坚持自己定下的详细且明确的时间表，并有效减少自己不坚持锻炼的借口。

锻炼是一个很棒的生活习惯。但就如前面所提到的，这个习惯的关键在于找到最适合自己的锻炼方式，制定短期的锻炼日程表，而你将能在未来很长的日子里由内而外地感受到其中的益处。

# WORK
# 工 作

“持续不断地工作只会让你身心俱疲。曾经充满激情的工作也只会变成如今让你厌烦的琐事。”

——海伦·M.瑞恩

对多数人而言，在工作上节约时间意味着减少工作时间。但我认为，在大多数情况下，工作上的节约时间根本上指的是充分利用并高效管理工作时间。

工作时没必要一直活力四射。如果你工作努力，认真按照时间表行事，你就能更好地管理时间，一段时间后你也会看到时间的馈赠。你不久就能在同等的时间里做更多的事，而不是懊恼时间都去哪儿了？为什么每天最后的几个小时总是感觉稍纵即逝？

通过使用本书前半部分介绍的方法，能使你对时间管理有更清楚的认识，更好地应对工作压力，并通过集中处理手头的任务来养成好习惯，通过划出时间块来更好地管理工作时间。你能成为这方面的行家里手，你能掌控自己的工作时间。

那么，我们如何通过日程表来管理时间以实现更高效的工作呢？

关于更好地管理工作时间，我的建议如下：

## 标签分类，使用文件夹

将经常使用的东西贴上标签，这能给你省下不少时间，比如：重要文件、密码等等。这样做，会使你省去每天重复找寻同类型信息的时间。

## 早起

我知道早起对我们大多数家长，尤其是还得送孩子去上学以及做其他事情的家长来说也许是最困难的事情了。我们并不能保证每天都能早早起床，但如果每周只选择 3 天早起 10 分钟呢？这样你就能在客户的电话轰炸前回复邮件或者在一天的工作开始前打完重要电话，这样你一天都会感觉轻松不少。

只需每天稍微早起一点，便能给你的一天带来不一样的感受，使你在一天最高效的时间开始工作。

将所有东西用文件夹归类并放入盒子中

你的办公桌上有一摞如山的纸质文件吗？我曾经也是这

样，但现在我会把完成的每一份纸质文件分门别类放进相关的盒子或者文件夹里。

我一直认为一份文件我拖得越久，我就越不愿意去处理它。但现在我对每份文件的位置了如指掌，它们都在自己该在的位置！虽然大多数时候我都能正确分类，但人非圣贤孰能无过。但重要的是，如今我的办公桌干净了不少，工作环境好了，我也能头脑更清醒地投入工作。我清楚文件的确切位置，就不必在需要文件的时候找东找西。

**委托他人**

你有没有发现你的工作量并不小？这会使你的时间相当紧张，所以你需要知道如何以及何时将任务委托给他人。

当然这和你在公司的职位高低有关。职位越高，就越容易找到可以委托的人。但就我们大多数人而言，应该找合适的人做合适的事。

正确的人能又好又快地完成适合自己的工作。有时，你由于不清楚怎么做而在一项工作上花费了大量的时间，结果还可能并不好；这和你缺乏经验有关，但适合该项工作的人不仅能按时完成工作还能完成得相当漂亮。

**接到任务立即工作并分清主次**

保持勇于尝试的态度，并确保接到任务就立即投入工作。

为什么迟迟不开始必须完成的任务呢？与其浪费时间思考，还不如立马开始行动。开始得越早，完成得越快。

将工作排个先后次序也同样重要。这一点可以应用于回邮件、回电话或者保证产品准时到达。既然一项工作可以有一周的时间来完成，而另一项今天下班前就要上交，你为什么要先完成前者呢？先后次序的排列通常是基于工作的紧急程度，排好顺序、分清主次会让你摆脱掉不少追得你团团转的人。如果一整天都被同样的人，追问同样的问题，比如："产品什么时候能送到呢"，那你一天的日子一定不好过吧。完成任务，更新相关人员，开始下一项重要工作。

受到更少电话或者邮件的催促，能给你的工作日节省不少时间。

## 工作期间少喝东西

这条建议听着似乎有点死板，但稍微想想，如果你一天当中一杯接一杯地喝咖啡或茶，那你得上多少趟洗手间呢？

我并不是建议你每天喝水少于专家建议的八杯，而是建议你试着尽量规划好流体的摄入量，比如在家多喝点，上班后少喝。在家上洗手间和在公司上五趟甚至更多趟洗手间相比，不会分散你太多精力，对你工作干劲的影响也会更小。

## 每周从家里带几次自制午餐

我们都需要在一天的当中有时间稍作休息，整理思路，冷静下来，减少压力，但你真的需要每天都有漫长的午餐时间吗？每周从家里带三次午餐，然后中午在办公桌前解决掉，而不是去商业中心买个三明治然后在外待上一个小时。你认为如何呢？

如果你每周都有一次或者两次工作间隙出办公室好好休

息一下，犒劳自己，你很可能会休息更长的时间。在办公桌边就餐的时间，你可以按轻重缓急列个任务清单，比如下班前就必须完成的任务，这样你就能时时更新任务清单，更好地规划你的工作。

## 整理办公桌

除去使用文件夹、盒子等工具来收好你的纸质文件，还有同等重要的一点就是保证你的办公桌尽量整洁。整洁的办公桌不仅会使你头脑清晰，也会给你节省下大量找笔、通讯录、尺子以及计算器等其他物品的时间。

## 使用日历

每台电脑都有自带的日历应用，工作期间你最好尽可能多地使用它。一旦有重要约会或者重要时间点，务必将它们添加到你日历中。这样你就不必一直找产品到达或者发出的时间。

## 及时回复

立即回复邮件和电话。对时间最大的浪费在于被他人在同样的事情上多次追问，而你又不得不一次次地回复。如果你知道自己完成手头的工作需要几个小时，那就告诉他人真相，而不是明明两个小时才能完成，你却谎称半小时就能搞定。这样只会给你带来更多的电话和邮件，浪费他人时间也浪费自己的时间。

回复邮件和电话的最好方式永远是，第一时间告知对方自己知道对方所需答案的准确时间，哪怕这个时间很长。

## 别拖到最后一秒才开始行动

大量的时间都浪费在拖延上，这会使你整个上午或者下午甚至一整天都匆匆忙忙。虽然你并不希望，但你总在一天快要结束的时候才意识到，时间总是过得比你想象的要快，你也希望自己能在一周以前开始工作。

工作能提前就提前，既然约会和最后期限随时可能更改，那为什么不尝试着尽量将工作提前而不是拖到最后一刻呢?

通过利用眼前的碎片时间，你就在以一种更科学的方式管理时间，这是你开始未来任务的重要一步。即使你一星期内每天只工作 10 分钟，大约一个月之后你都会向目标前进一大步。一个星期后，10 分钟会变成一个小时，最终你将提前完成任务。

这些方法简单易行。试试不同的方法看哪种最有助于你提高工作效率。“番茄工作法”能很好地帮助你专注于工作，尤其是当你因最后期限忙得焦头烂额需要精力集中的时候。

我知道我们工作的时间有时或者大多数时候都会出现各种原因不受我们控制，但我们可以掌控我们工作的时长以及我们如何利用工作时间。

# DOWNTIME / SOCIALISING / HOBBIES
# 休息/社交/爱好

“拥有坏习惯就像和一个相扑运动员同坐在一艘独木舟里，你在往前划他却在往后。”

——J.劳伦·诺里斯

即使我们争分夺秒地工作，仍然会觉得时间过得比我们预想的要快，所以留出时间让身心放松尤为重要。留出个人享受的时间并非不可能，我们只需整合能提高效率及个人满足感的好习惯即可。

从很多方面来说，把时间花在自己乐意做的事情上也很重要，这也是我们生活当中的一个好习惯。

- ★ 充满活力地投入工作将大有裨益
- ★ 在做我们乐意做的事情的时候，我们总感觉效率倍增
- ★ 做我们喜欢做的事情会激活我们的大脑
- ★ 休息有助于我们的大脑从生活的压力中解放出来，比如，工作
- ★ 在做喜欢的事情的时候，我们感觉自己正在按照自己的意愿行事
- ★ 能让我们一整天精力充沛

永远不要因为把时间留给了自己、休息、娱乐或者某项爱好上而感到自责。在这些时间上留出一些时间和锻炼以及健康饮食同等重要，只是要注意合理安排花在这些事情上的

时间，就像其他好习惯一样，这同样需要持之以恒。

如果我的生活当中没有写作、阅读等让我感兴趣的东西，我会被日子一天天地吞噬掉；如果没能将生活与兴趣平衡好，也会让我感到懊恼。我苦苦思索该如何平衡好两者的关系，我思考我的日程安排：

★ 为什么我生活容不下我的兴趣呢

★ 到底是哪里出了错让我没有时间来享受我的兴趣

★ 这样的思考只会浪费更多的时间和精力

比如：

正如我在最开始说的那样，在开始写这本书的时候我给自己定的目标是每天写 500 字，并尽快实现每日 15000 字的目标。接着，我用应用（www.coach.me）来监督我的进程。我喜欢写作，所以我希望在不耽误工作的前提下坚持写作，并能将这个良好、高效的习惯坚持下去。

在我最开始将写作加入日程当中的时候，我怀疑过自己是否有时间每天写作。于是我算了算自己写 500 字需要的时间。当得知结果是 30 分钟的时候，我知道只要自己每天稍微早点起床，坚持这项爱好并非难事。

计时让我知道为了坚持好习惯我需要每日留出多少时间，不必每天被工作弄得焦头烂额，我现在已经知道每天该留出多少时间了。这些匀出的时间只是我一天当中很小的一部分，所以我能既好好工作，又能坚持我的爱好。

每次沐浴前能做完自己喜欢的事总是让我很有成就感。我内心也因为任务的完成而得以平静，人也感觉轻松了不少，这使我能集中精力在一天中剩下的时间里专注完成工作，而不是花大把时间思考自己什么时候才能平衡好工作和兴趣。

写作只是我的兴趣之一，我也喜欢阅读。阅读习惯的养成很容易，我每天都在临睡前读上 15 分钟。能按照自己的方式过好每一天，我感觉很幸福。

你不必每天写作。你也许喜欢每月一次的社交活动，比如每月的第一个周五和朋友聚餐或者每周二晚上在手工俱乐部待上一个小时。

重要的仍是为自己留出时间。如果你能养成这样的好习惯，通过简单的时间管理方法持之以恒地坚持下去，那你就能一直做自己喜欢的事。

你为什么不能每天早起半小时画画呢？如果你每天能坚持半小时，那一个月后将是不小的进步！

为什么不空出周六的晚上和朋友一起看场电影呢？

为什么不能每两周参加一次周四兴趣俱乐部的活动呢？

如果我们不能在一天、一周或者一个月当中做些自己喜欢的事，那人生还有什么意义呢？

我们当中的多数人时不时都会误认为人生即一场生死时速，或者没有方向感地原地转圈。没有什么能阻止我们实现个人愿望，在正常生活之余给自己放一个小假，做做自己喜欢的事。

当你尝试着从生活中匀出时间的时候，你可以从本书开头介绍的方法中选择一个或者几个方法。如果你大致知道需要匀出多少时间，你就更有可能开始一个好习惯并坚持下去。

太阳耀斑法则对我很适用。一个新习惯的养成有时是很困难的，但一次一小步，甚至是真的很小的一步，但至少你已经开始努力了，并一步步朝目标迈进。这样不仅会帮助你达成目标，还会让你很享受努力的过程。

# FAMILY TIME
# 家庭时间

"一起看电视并不算专门的家庭时间。"

——艾迪·德容

在本书的各个部分之中，对我个人而言，家庭时间是最重要的。

确保你有足够的时间与家人共度，不管是陪伴孩子、伴侣、父母、还是其他亲戚，养成习惯，尽可能经常地去看望你所爱的人，与他们度过珍贵时光，这些应当是优先考虑之事。

在日程表中，“家庭时间”的位置应当与吃饭同等重要，不可或缺。没有所爱的人，我们还算什么呢？如果我们不花时间与我们最在乎的人在一起，我们所做的其他事情还有何意义呢？

在生活中的这一领域，我们至少应该坚持一个好习惯。

我明白，把家庭时间安排进日程表中，说起来容易做起来难；工作日上班，周末偶尔加班，余下的时间，通常花在了家务等一些一直打算做却没做的事上。但是，大多数时候，我们之所以没有花更多的时间陪我们所爱的人，是因为我们把他们的陪伴当作理所当然。

你曾思考过多少次？——

★ 我有好一阵子没能去看望父母了

★ 我有一阵子没花时间跟孩子玩游戏了

★ 我已经有一阵子没跟爱人共度亲密时光了，比如约会之夜

★ 我记不得上一次花时间陪家中长辈是什么时候了——他们看到我会很高兴，并会感谢我

正确地看待问题后会发现，如果以家庭为单位，我们在一起的时间是极少的，或许只有晚上一两个小时的陪伴；周末似乎过得更快，串门的人来了又走；孩子迅速长大，还没等你意识到，另一个生日或者圣诞节又转瞬即逝。

那么，为了充分利用在一起的时间，我们能做些什么呢？我们需要抽出一部分时间，制定出家庭日程表，以使此日程表中，我们所计划的这段时间块始终得以充分利用。

通过正确的方式管理时间，你就可以想出各种方法式，**花更多的时间陪孩子**。部分建议如下：

### 1. 让他们孩子参与家务

我知道这听起来几乎是不可能的任务！我过去也这么想！让你的孩子一起做家务？你疯了吗？

过去的一年中，我和妻子的工作都忙碌了很多，因此我们考虑，如果儿子能够协助做家务，那会帮上一个大忙。于是，我们让他每周花一些时间，做好安排的三件事，让他每周做几次：

★ 吸尘

★ 喂狗

★ 遛狗

他顺利地承担了这三项任务，事实上，在吸尘方面，他做得非常好！

因为我们是一起做这些家务，所以，我们不仅有更多的时间在一起，同时也是在教他持家所需的几个不同方面。

现在，我们跟他有事可谈，让他参与我们的一周计划，还会就宠物狗的表现征求他的意见，比如在遛狗时，狗是否要上厕所。

当然，除了遛狗之外，上述情况并不等同于共度更多时光，不过，那确实让我的儿子走出卧室，来到楼下，至少陪我们在一起，而且总的来说，那也是一个聊天话题。

通过家务让孩子与你共度更多时间的其他方式包括：

★ 你是否能让他们参与准备午餐和晚餐的准备
★ 教他们如何修理家中的物品/维护工作
★ 帮助打理花园
★ 一起割草
★ 一起洗车

你会惊讶地发现，孩子其实非常喜欢参与进来，当然，前提是你不会让他们每天过于劳累。我的建议是，每周让孩子参与一至两项活动，因为如果超过了这个限度，他们就会开始变得不愿意参与，或许还会讨厌你为彼此创造的额外时间。

让孩子参与家务的好处在于，不但你教给了他们一些生活课，而且与一个人单干相比，两人共做一项工作会更快完成。

协作成就梦想！

一旦开始做，大部分家务其实不会花费很长时间。如果你的孩子看起来不是很有兴趣帮忙（鉴于某些家务的枯燥程度，这种情况是很可能出现的），那就先请他们协助一项任务，并让他们测量完成该任务的耗时，以此证明，做家务只会占用他们很少的时间。如果他们仍然需要劝服，那就建议在做家务时播放音乐；同样，让他们自己做出选择，以确保他们参与其中，他们越是觉得自己有掌控力，就越有可能参与进来。

渐渐地，当你让孩子他们做家务时，你的孩子应该会开始想要参与了。不过，还有一些其他方法，也能让你与他们共度珍贵时光，那就是向他们引入其他习惯，如此一来，你们就能一起研究如何有效利用时间了，例如：

### 2. 辅导孩子做家庭作业

计划出一段时间，用于辅导孩子做家庭作业，比如晚餐后辅导 30 分钟。这不仅是有效建立感情的绝佳方法，还能对他们的功课有帮助，了解他们目前在学校的最新学习情况。

### 3. 试着让孩子与你有同样的爱好

你喜欢画画或者下棋吗？让你的孩子也接触你的兴趣，这能收获得诸多回报，其中包括新的亲子时间。你永远不会知道，当你让孩子对你的某一爱好产生兴趣时，你可能在他们的内心中激发出什么，这也能够真正地建立你们的友谊。

### 4. 与孩子共同培养一项新的爱好

在没有帮助的情况下，与孩子一起从头学习一项的全新的爱好，这个主意如何？参加俱乐部或者圈子聚会是很好的途径，同时也是社交的绝佳方式，可谓一箭双雕。圈子聚会是指兴趣相似的一群人在某个约定地点见面，讨论兴趣爱好等。

### 5. 给年幼的孩子读书

我喜欢给我女儿读书。虽然现在我儿子的年龄有些大了，但女儿还处在“允许”我给她读书的年纪。这个方式不但让我们拥有珍贵的亲子时间，而且教育了她，培养了她的阅读兴趣，并让她在睡前放松下来。

另一个好处是，通过每天给她读书，我也践行了自己的一个好习惯！

### 6. 通过文娱活动指南，寻找本地活动

浏览本地报纸，看看目前居住地周边有哪些正在进行的能让全家参与的活动。参加义卖会和募捐等活动的开销通常不会很大，还能让大家共度美好的一天。

### 7. 确保全家一起吃早餐和晚餐

全家人一起吃饭是确保与孩子共度亲密时光的最简单方法之一。对于大多数家庭，一起吃早餐和晚餐并非不可能。当然，有些人的工作是轮班制，在孩子起床之前就开始上班

了。因此，我理解，并非所有家庭都能够做到这一点，但对于那些可以做到的家庭，早上短短的 10 分钟和晚上的 20 分钟是与家人沟通的绝好机会：早餐时看看每位家庭成员这一天有何计划，晚餐时自然可以聊聊这一天都做了什么。

### 8. 每周挑出一个夜晚，作为家庭之夜

在我看来，几乎每个家庭都能从一周中挑出至少一个夜晚，作为家庭之夜；即使你需要值夜班，这应该也是可行的。只需从每周挑出一个夜晚，确保每周都在同一天，并保证所有人都参加。家庭之夜的内容可以是桌游、电影、智力问答，或者任何你想做的事。我已经开始用谷歌的 Chromecast 设备，让全家人能够在电视上玩游戏，不但其乐无穷，而且为老式桌游带来了新变化，让我的孩子们觉得游戏更有意思了，这也就意味着，让他们参与进来更容易了。留出一个小时左右，尽情欢乐吧！

### 9. 尽量在工作日把任务完成，让周末更美好

尽可能坚持遵守日程表，这真的可以帮助你腾出时间，在周末进行更多活动，这些额外的空闲时间无疑能让你与孩

子拥有更多的珍贵时光，去追求新的兴趣，或者只是一起游泳。因为坚持了日程表，使得绝大多数家务，如熨衣服等，已经在工作日内完成，这种感觉非常棒。

### 10. 让孩子逐渐变得更加独立

让你的孩子稍微独立一点，这对你和孩子都有好处，其中原因多种多样。尽量让他们开始并保持一些好的独立习惯，那会对他们产生非常好的影响。我知道，我们都不希望对孩子拔苗助长；不过，越早教会他们把好习惯融入自己的生活，使其变得更加井井有条，对孩子好处越大。

你能让孩子逐渐养成的一些习惯包括：

★ 每天早上整理床铺
★ 夜晚准备好第二天上学穿的衣服
★ 傍晚准备好书包
★ 进家时，把鞋放好，把外套挂好
★ 餐后洗自己的盘子

向孩子解释，上述各项任务只会花费他们一定的时间，每项任务很可能不会超过两分钟。让他们自己计时，看看完成你想让他们遵守的好习惯需要多长时间，他们很可能会惊讶地发现，这些习惯其实只需花很少时间。没等你意识到，他们就已经把六个新的好习惯融入自己的生活了，这既给他们上了宝贵的一课，又节省了你的时间。你其实可以利用这部分时间，与他们亲密相处，而不仅仅是在他们房间里为他们铺床。

如果你和你的家庭成员都能够坚持诸多好习惯，更好地规划时间，整个家就会有规律地运转了。

坚持遵守日程表的全部意义在于更有条理，从而让你把更多时间花在你喜欢的生活领域，与孩子和至亲们共度珍贵时光便是其中的重要一项。

对于大多数父母而言，这些建议应该是很容易纳入一周之中的。花更多的时间陪孩子并没有想象的那么难，只需稍微调整一下你平常要做的事即可，让孩子帮忙，共同参与。

**那么，如何与伴侣共度更多时间呢？**

以上例子也可适用于你的伴侣，例如去义卖会及其他场合、周末游泳、一起吃饭等，不过，我们还需要与伴侣共度二人世界，有一些一对一的亲密时光。

为了让我们能与自己的伴侣共度更多时间，我有如下建议：

**11. 约会之夜**

你是否能够每周，或者每两周，或者每月至少一次，抽出一个晚上，让你们二人出去共度一个快乐的约会之夜？

我知道，并非所有人都承受得起，但即使是最糟的情况，每月至少一次应该是可能的，你甚至可以在“高朋”之类的网站上团购餐券。我最近买了一家当地餐馆的优惠餐，两人三道菜，只花了20英镑。这种折扣几个月都不会过期，于是我知道，在一年之内可以继续再买一些，那让我和妻子享受了一个美好而且实惠的外出之夜。

约会之夜并非总是要挥金如土，只需找一找优惠券即可。要是在夏天，不妨换成白天约会，去公园野餐，这个主意如何?

重申一次，关键是确保你能把这部分时间纳入你的日程表，计划与你所爱的人共度珍贵时光。

如果由于各种原因，你们不能出门，那也还有其他方法。

### 12. 在家共度二两人晚餐之夜

好吧，或许出于各种原因，我们有些人无法外出度过一个约会之夜，但是，没有什么能阻止你在家中度过一个约会之夜。你们可以一起准备晚餐，没错，甚至做出三道菜，尽情地共度过这一晚。

播放音乐，放松下来，聊聊天，把家里的饭厅营造出烛光晚餐的氛围，尽可能浪漫起来。周五或周六的晚上是最佳选择，让孩子比平时早一点上床睡觉，然后尽情享受彼此的陪伴吧。

你可以分配一大块时间给这样的种夜晚，甚至一至两个小时都行，放松地去尽情享受浪漫的夜晚。

### 13. 轮流挑一件你们想做的事

你们各自挑一件事情做怎么样？虽然你的另一半也许会因为尝试新事物而紧张，但如果你真的希望做这件事，那你就要尽全力鼓励对方。那件事可能是跳舞——大多数人第一次做时都会感到紧张，不过，你们可以规划出时间来练习，先看网络视频，比如每周两次，每次 30 分钟，再开始参加舞蹈课，这种方式会帮助对方建立自信。

关键是，走出你的舒适地带，每周用花一定的时间去学习新事物。那是充分利用时间的绝佳方法!

### 14. 晚上或周末在外过夜

如果你承受得起，那为何不一起彻夜不归或者一起在外过周末呢？这当然需要腾出一大块时间，但你要为出行做好准备，此外，尽可能提前把事情办妥，那会帮助你放松。过一个慵懒的周末，出去散散步，让时间过得慢些，那样你们就可以共度珍贵时光了。

如果可能的话，你应该尽量践行这个习惯，每年三到四次。这是放松和共度珍贵时光的绝佳方式。

### 15. 留出时间聊天

没有什么会比与伴侣或者某个家庭成员纯粹地聊天更好的了。这确实有助于释放压力，减轻肩上的重担。沟通是非常好的减压方式。每天留出 10 分钟，与你所爱的人聊聊他的一天都发生了什么？或许你的伴侣在工作上遇到了问题，倍感压力；也许你的孩子马上要考试了？跟他们说说话，请他们谈谈自己的感受，只需几分钟，就能帮到他们。如果你的家中成员也与你聊天，那么每个人都敞开了心扉，表达了感受，谈论了可能出现的问题，当然，也可能是谈论某件刚发生或将要发生的事。

留出 10 分钟的时间聊天，这确实是个值得培养的好习惯。与你生活在一起的人出了问题，可这个问题你们从未谈及，没有什么比这最更糟糕的事情了。你本可以通过聊天就帮到一个你所爱的人，而你却没有这样做，这会让你痛苦不已。留出一小块时间畅谈问题，帮忙解决问题，或者至少提出建议，这是我们每晚或每周都能够轻易做到的事。

影响你的家庭成员开始形成好习惯、学习如何将好习惯坚持下去，这两点很有用，而共度珍贵时光是至关重要的。

创建一份把家庭时间包括在内的时间表是极其重要的。这其中原因有很多，其中之一便是为了构建亲密关系和回忆；我们能够共度的时间是珍贵的，因此，培养那些能够使家庭幸福的习惯，让家的环境既幸福又放松，进而确保充分利用共度的时光。

当你和伴侣逐渐老去，你的孩子都长大成人，你会想要让他们记住你曾带给他们欢笑，记住你们曾经共度的时光中充满了幸福的回忆和欢乐。

好习惯可以使这一切发生，你只需要把将它们带入你的家庭生活。

# PERSONAL LIFE / ORGANISE YOUR HOME
# 个人生活/让家井然有序

“我们最想要时间，却又最不善用时间。”

——威廉·佩恩

培养好习惯诚然是打造生活的基础，好习惯越多、坏习惯越少会让生活更美好。

致力于培养好习惯并坚持这些好习惯能够为你的生活带来改变。我自己就能从中感受到许多变化，而且还能够有时间做自己喜爱的事情——写作就是其中的一件，于是我也就能在一年之内写出 8 本电子书。如果我不能合理管理时间的话，也就不会有这些成果（电子书）了。我一直在努力改善自己的生活，一边摒弃坏习惯，一边培养好习惯，这也意味着我需要做到以下事情：

- ★ 不再喝酒
- ★ 早睡
- ★ 早起
- ★ 研究选定的话题
- ★ 列出内容大纲
- ★ 每日写作
- ★ 反复修改
- ★ 开始并坚持一项健身计划—健康的身体=健康的心态

以上都是我生活的一部分。我总会有想要培养的好习惯，在我做到成功坚持一个新的好习惯之后，我会尝试继续改进，于是我的生活就能不断得到改善。

我想要用更多时间来写作，我想要用更多时间来陪伴家人。于是我就要确保自己坚持的新习惯能够帮助自己实现目标。我的幸福与金钱无关，我是一个简单的人，只要能幸福、积极地去打造更美好的生活，我就满足了。

知道自己在培养好习惯、摒除坏习惯（至少开始尝试这么做了），并且努力在坚持好习惯还表示你能够问心无愧。我并不建议你用自己正在做的事情去对其他人进行说教，但你正在尽力做对自己最有益的事，对这一点你该怀有信心。

所以有哪些好习惯能有利于我们——

- ★ 改善生活
- ★ 节省时间

对我来说，这就是好习惯真正能有助于打造更高效的生活的体现，以上这两个方面也正是我们在选择培养一个习惯的时候需要考量的问题。

首先是要找出坏习惯让我们浪费时间的原因。如果你能开始不再做一些事情或者缩短做这些事情的时间，这马上就能让你有更多的时间去培养更多的能有益于自己并节省时间的好习惯。

以下是一些你可以尝试努力改变的行为，让你慢慢开始腾出更多时间来培养更多好习惯：

**少看电视**

这是一个比较容易着手克服的习惯，看太多电视会荒废掉你大量的时间。许多时间管理领域的专家都曾就看电视浪费时间这个问题进行过非常合理的讨论。

我们会在看电视上花多少时间呢？再想想，我们真正需要花在看电视上的时间又是多少呢？

大部分人都在看电视上花了太多太多时间了。简单来说，这是一个坏习惯，而且会荒废掉大量时间。但我并非建议大家完全不看电视。我自己也会看电视，但我现在都会控制好自己看电视的时间，老实说，我并不为看电视时间的减少而感到遗憾！现在我对电视节目非常挑剔。坐在沙发上什么也不做地看一晚电视太平常不过了，但你有想过这样做的时候到底浪费了多少时间吗？在这段时间内你还可以做些别的什么吗？如果将这些时间利用好，我们将能培养起多少好习惯呢？

这些时间可用于做些必要的杂事或者其他你喜欢的事情，这能让你的生活更有效率、更有秩序，让你更好地把握好生活的节奏，让生活的压力更少。

小秘诀：

记录一个礼拜内你一般要花多少时间在看电视上，坚持做好 7 日的记录然后等一个礼拜结束后算出总时间。我相信你会对自己花在看电视上的时间感到震惊。

一旦你知道自己浪费在电视机前的时间，我能保证你会想更好地利用这些时间。看上去你正在浪费不少时间，而你能利用这些时间做成更多的事情。

你可以把自己喜欢看的节目录下来，然后在合适的时间回放观看，而且还能跳过广告！

**取消订阅**

你曾多少次听到过那种提示音？它意味着又来了一封邮件，不但有声音提示，而且手机的指示灯也会闪烁，只有当你查阅了邮件之后这些提醒才会消停。

你看过之后发现，又是一些毫无意义的推送广告，你可能在很久之前在这些网站进行过注册，它们会给你发送一些折扣广告，但都是些你并不需要的东西。

这多么浪费时间呀！

那么改掉这个让你无法专注而且浪费时间的坏习惯的最简单途径是什么呢？那就是按下取消订阅键。

取消订阅表示你将会开始清理自己的收件箱，而这也是一个很不错的生活习惯。

你取消订阅的邮件越多，你就会马上发现自己拥有了更多时间，因为你不会再从自己正在做的事情上分心。闪烁的指示灯和响个不停的提示音不但会让你感到厌烦，还会阻碍你的进程。你可能正在做某件重要但无趣的事情，突然闯入的邮件通知就很有可能变成你停下来的借口，但随后你可能就不会重新回到那件重要的事情上，而是又把它拖到第二天。

取消订阅是克服坏习惯的有效途径。如果你决心够大的话，我接下来就给你介绍一个更好的方法，下次不妨试试。

### 禁用手机电子邮箱

你是否每日都要多次检查邮箱呢？你是否每晚都需要坐下来检查自己的私人邮箱呢？这会导致你被各种各样的事情缠身，还可能浪费不少时间。我能给你的最后建议就是在你的手机上禁用邮件同步，简单说来就是禁用手机上邮箱应用，这样它将不会再时不时给你推送邮件了。但你可以抽出一个合适的时间段来查阅邮件，而不是一日中时不时就去检查邮箱，打断自己的其他任务。

你正在做一件事，可能是一个有益但无趣的习惯。但有邮件提醒时，你就觉得这可能是一个重要邮件，自己必须马上查阅并花几分钟来阅读和回复，这样的情况是否时而发生？

虽然你有一台智能手机，但你并不一定需要它每时每刻都发挥出智能的作用。让我们再来看看下一个小建议吧。

### 关闭手机

到了晚上的某个时刻，比如 19 点或 20 点，我会建议你把手机关闭，并将此告知你的家人和朋友，并让他们记下你的家庭电话号码，如果有急事可以通过这个号码联系你。

在晚上关闭手机有以下两个好处：

1. 晚间不会再收到短信之类的消息，于是你无需花时间来一一答复，其实很多问题都可以留到第二天早上再作处理。

2. 你不会再把时间荒废在网上，不会再因为无聊就漫无目的地浏览网页。你曾想过这样会花掉多少时间吗？

关闭手机将释放出大量时间！当你发现简单按下关机键就能给你带来那么多的时间时，你将会感到十分惊喜。但你可能需要一步一步来。刚开始是先试着每个礼拜实践一到两次，看看这样做是否适合自己。我们总是手机不离身，所以刚开始时你可能会感到不适应。

我也知道由于某些事务，比如说工作，我们并不是总能把手机关掉，但也许每个礼拜会有几个晚上适合这样做吧。我敢说在你早上起床后重新开机时，你会发现自己并没有错过任何特别重要的事情。况且告诉人们你的做法并留给他们座机号码也有助于你放松，清楚如果有急事他们还可以通过传统的办法来联系你，你的担心必然会减少许多。

## 限制自己使用社交平台

假如你在晚间将手机关闭了，那么在理论上是否要上社交平台就会变成一个艰难的选择，因为你需要打开电脑、点开网页、等待加载……这会花掉不少时间，而你本不必要这么做。但其他时间——在你上班时、在你的手机还开着时又如何呢？在这些时候你又会在社交平台上花多少时间呢？

生活在如今这个社会所带来的问题是，我们都相信使用社交平台有不少好处：

- ★ 保持对热点资讯的关注
- ★ 方便快捷地跟朋友联络
- ★ 了解到朋友的生活现状

问题在于你会被社交平台束缚住，并阅读了大量对生活毫无意义的垃圾信息。谁又真正关心某个朋友在礼拜二早上10 点在做什么呢？你是否真的需要了解他们都在咖啡店里呢？还有不少诸如此类的问题。但这些都是不重要的信息。

所以为什么不取消所有的推送提醒，然后在自己想要了解的时候再登上相关网站或登录相关应用进行查看呢？

你可以在时间表中选一个合适的特定时间来做此类事情，这总比一整天都在不停刷新要强。你有 15 分钟的茶歇时间吗？这个时候就可以坐下来刷新社交平台呀。又或者在上班的通勤路上花 15 分钟把社交平台的新信息都看一遍。

社交平台的确有很大的影响力，但如果你的生活完全被社交平台所占据，将会浪费大量的时间。

不要让它束缚着你，在合适的时候再去刷新信息吧。

**惰性**

说实话，我们究竟有多懒呢？有时候我们下班之后就只想坐着，其他什么都不想干。好吧，我只是在开玩笑。我知道也不是所有人都这么懒呢，有时我们只是因为卖力工作了一天而感到疲惫，我们需要坐下来好好放松一段时间。我所讲的惰性是指我们怕麻烦的感觉。假如你知道自己需要把某件事情做好，但却因单纯地怕麻烦而不想去做，那么我就会将此视为惰性。如果你确实有这样的感觉，那么请通过思考以下问题来好好鞭策自己去完成好需要做的事情吧：

- ★ 做好这件事情需要花多长时间
- ★ 如果我现在不做的话，那要什么时候做
- ★ 越早开始着手就能越快做好

一旦你训练好自己的思维，并腾出一段时间来完成某个

任务，你将更容易着手并把它做好。举个例子，你需要清洁浴室，但怕麻烦不想做，那么试着设定 10 分钟的时间来做吧，随后给自己计时，一旦 10 分钟时间到了，不管发生什么都要停下来。

这能让你开始朝着坚持好习惯的方向前进。

摒除掉这种种坏习惯之后，你马上就能感受到时间的增多。但一定要记住每次只要做好一件事即可。就如我们前面谈到的那样，如果一次性尝试做太多的改变，出错或失败的可能性也会更大。我们要一步一步地来。

逐渐地你就会发现因为这些改变，自己拥有了更多的时间。现在你就可以专注于培养生活中的好习惯了。

接下来我们一起来看看有助于改善生活的好习惯吧：

**集中熨衣**

我比较喜欢利用集中的时间段来熨烫衣服，通常我不会到确切需要的时候才做熨烫工作，如果是这样的话，那么每日早晨都要将熨衣板拿出来。我现在每个礼拜都会抽出两个晚上来熨衣服，每次大概花 45 分钟的时间。这个做法还不错，如果熨衣服的频率超出了这个限度，我就会感觉到压力。但如果只是在限定的时间内来完成好任务就能让习惯更容易地被坚持下去。

## 提前准备食材

这也是一个人们常常谈起的习惯，而且真的能省下不少时间。你是否可以在每个礼拜内都抽出一定的时间或在周末来提前准备好食材呢？为未来一个礼拜准备好食物并进行冷藏有以下三个好处：

- ★ 为未来一个礼拜节省出大量时间
- ★ 使你能够做好饮食安排的日程表
- ★ 意味着你能为自己及家人准备更有营养的晚餐，而不总是速食食品

花上几个小时为未来一个礼拜准备好食材会让你发现烹饪并不只是一项杂务。

你还可以将没吃完的食物留做工作日便当，而不需要再另外准备食物，也不需要在上班路上或上班的时候去买午餐。

确保提前一晚就将工作便当和学校便当准备好，这会节省大量时间，而且也可以避免匆匆忙忙的早晨。孩子们可以直接从冰箱里拿出自己的便当盒然后放进书包里，你也无需再为此担心。

**装箱，标号**

如果我们马上就能知道某个重要文件被放置在哪里，又或者是将冬季或夏季的衣物收纳好，这样做将能节省多少时间呀！那么找到这类物品的最快捷方法是什么呢？

- ★ 用箱子进行收纳，并给箱子标号
- ★ 在清单上写好每个盒子内都放置了什么，比如：1号箱子=夏季衣物

这是一个有效节省时间的方法，也是很值得培养的习惯。只需几分钟就能找到自己需要的物品会让生活更加轻

松。尽管在整理箱子并准确制作清单方面可能要花不少时间，但这种做法在日后将能给你带来很多省时的好处，而这些好处的价值将远超出花在前期工作上的时间成本。

### 整理房子

这是很值得培养的一个日常习惯。每日大概花 10 分钟打扫房子内需要整理的区域，譬如说检查旧抽屉并进行清理，将重要的文件用文件夹归档，并且将你不想要、不需要、不必要的旧东西清理掉。

每日 10 分钟真的只是一个小小的任务，但你可以想象一下一个月后你的房子将会变得多么整洁。

以下是一个非常容易坚持的习惯！

### 将生日和特殊日子记录在清单上——准备好所有贺卡

另一个简单的习惯将能帮助你节省下不少时间，那就是把每年自己亲朋好友的生日、纪念日等等都记录在一个清单上，然后到礼品店一次性把所有贺卡都买好。

此外，再把这些日子输入到智能手机或平板的日历应用中并设置提醒，这样之后你就不会忘记某个重要的生日或特殊日子啦。

**将常用信息（如身份证、驾驶证信息）记录在清单上**

你有想过我们在找寻同样信息上花掉多少时间吗？我们需要完成的文件看似无穷无尽，而且同样的问题总会反复出现——驾驶证信息、社会保险号、身份证等等。将所有这些信息都储存在同一个安全的地方，能让你节省掉在文件堆里反复找寻重重复复的细节性信息所花的时间。

**将到期日和续期日记录在清单上**

你还可以将需要记住的到期日和续期日记录在清单上，比如房屋财产保险的到期日、车辆税缴纳日和车辆年检日等。这些都是需要记住的重要日期。假如不慎忘记了某个重要的续期日，后果可能会很严重——你可能需要交付滞纳金。

## 提前一晚准备好衣物

提前一晚决定好自己要穿什么，而不是等到早上。然后把衣物挂在衣架上放置在容易拿到的位置。到早上你就能在沐浴后尽快换好衣服，而不需要再花 5 分钟来决定穿什么好。

这个习惯的另一好处在于它能够为你的早晨节省出时间，不需要再花时间来找自己要穿的衣物。为了找某条裤子要耗费多少早晨光阴呀！有可能你要花上 10 分钟来四处找寻某件衣物，最后发现它还需要熨烫。如果提前一晚发现的话，就只需将它放到需要熨烫的衣物堆中，等到熨烫时间再做熨烫。

## 列任务清单

我爱任务清单！每日花几分钟，或许就只需 2 分钟，你就能理清自己之后需要做的事情。你可以使用智能手机的应用或者单纯地用纸和笔，写下你能想到的需要做的事，比如说清洁鞋子或是换床铺，随后把分配给完成每件事的时间写到任务旁边，比如说花三分钟清洁鞋子。当你完成好任务之后，就将对应的任务从清单上划掉。假如你能坚持把自己任务清单上的事情做好，到一个礼拜结束时，你的清单上就会画满了横线。

每一日都重新写一个新的清单，每一日都要更新任务的完成情况和新增情况。

这是一个值得坚持的好习惯，它能让你安排好自己需要做的事情，当你开始把完成好的任务从清单上划掉的时候，也能让你清楚自己完成了哪些事情。

**在显眼的地方设置提醒告示**

提醒告示与任务清单类此，都是让自己保持正确生活轨迹的有效方法，所以你会清楚自己需要坚持做什么。在告示贴上写下简单的关键词，比如说“远离垃圾食品”、“完成任务清单”。将这些提醒放置在你随眼可见的地方，这样将能让你坚持做正确的事情，所以使用告示贴并将它们贴在写字台上、壁橱上或床边都是不错的做法，最好是贴在你完成任务的所至之处。把提醒写下来不过是几分钟的事，但是有了它们的时刻警醒，你就能好好地坚持好习惯了。

你还可以写写自己的感受，譬如你有了某个想法，或者你没能坚持之前某个好习惯时的感受。举个例子，或许在家务活堆积成山的时候你感到了压力，这能帮助提醒你在情感上的感受。要是你没能坚持好习惯之后，你的感受很不好，所以如果可以的话你将不再想经历那样的感受。同时也要把你坚持了某个好习惯之后的感受记下来，比如“一个礼拜都没有吃垃圾食品了，身心愉悦”。

### 列好食品贮存清单/购物清单

列一份清单将家里贮存的所有食品都记下来，若某样食品完全没有了，就把它从清单上划去，并在购物清单上记下来。同样的，这也是一项起初会稍费时的习惯，但当你将第一份清单做出来后，日后你就会节省非常多的时间，因为你知道家里食品的贮存状况，当需要再添置的时候你只需在购物清单上记下即可。

谈到食品采购，我最近都是使用某知名购物公司的应用在线上完成采购的，这又给我节省了大量时间！以前我要花上 30 分钟的时间驾车到当地的超市，然后在店里花上 1 个小时的时间来找到需要买的东西、放进购物车、然后排队付款，而现在我借助购物清单和应用仅需 10 分钟就能完成采购。使用应用采购的好处在于它能记住你之前的订单，这无疑是最省时的，鉴于我们每个礼拜需要买的食材都基本相同，所以只需将那些需要买的东西放好在应用的购物车内，然后完成订单并结算就好了，甚至都无需搜索。

坚持好这些与食品贮存和购物有关的习惯让我每个礼拜都能省下大量时间（大概一个半小时），按一个月、一年算下来，将能省下非常多的时间，想到这一点我很容易就能继续这么做并将这些好习惯继续坚持。

# BE PREPARED FOR A SITUATION
# 做好应急准备

“习惯就是你不假思索做的事情，这也就是为什么大多数人有如此多的习惯。”

——弗兰克·A.克拉克

节省时间的一个方法就是养成时刻准备着的习惯！你永远不知道紧急情况什么时候会出现，而这就是人生。如果当危机来临时你没有做好准备，会带来怎样的后果呢?

- ★ 浪费时间
- ★ 慌忙应战
- ★ 压力剧增
- ★ 浪费钱财
- ★ 其他问题

为意外做好准备，能够减少以上问题的发生，帮助你保持镇静，节省时间。

如果你能列出一个“如果★ ★ 发生，我会★ ★ ”的清单，然后尽可能多的设定不同的情景。我给自己列的假设情景部分如下：

**汽车抛锚**

首先，如果汽车出问题，比如轮胎漏气或者其他的大问题，结果都是一样。所以你需要提前做好准备，确保你的车里备有以下重要物件：

★ 轮胎修理工具
★ 备用胎
★ 用于保暖的毯子
★ 一些瓶装水
★ 一部账上有余额的廉价旧手机（保证电量满格）
★ 手电筒
★ 订购维修服务

当在行驶途中发生意外的时候，备好以上的物件会为你节省必要的时间，在等待救援或者问题解决前保持冷静，避免慌乱。

**停电**

家中停电会带来多方压力，尤其当晚上停电的时候，周围漆黑一片，家里的孩子不免感到害怕。

但如果前期做好准备，即使停电你也时间充裕，不必慌张。花 5 分钟的时间准备好一些必要物品，放进盒子里，贴上标签。我建议的物品有：

- ★ 至少一支手电筒
- ★ 蜡烛/灯笼
- ★ 罐装食物
- ★ 瓶装水
- ★ 电力公司的紧急联络方式

做好应急预案能为你在意外来临的时候节省不少时间，因为你要做的只是在汽车后备厢中拿出所需物品或者在家中找出工具盒。

做好应急准备的关键在于养成一种做计划的习惯。这些小小的建议会对你有帮助，通过规划好生活的方方面面你会发现生活大不一样，一切尽在掌控之中。

但我们如何才能既养成好习惯，又能持之以恒呢?

这些技巧的关键就是本书开始部分讨论过的：如果你能一次一小步地采用不同方法来养成新的好习惯，并为自己空出时间，你就更有可能开始养成新的习惯，从而也更有可能将其坚持下去。我列举的这些例子都非常简单易行，当然你也完全有权利将其无视，稍作调整，甚至为了更好的人生开始一整套新的习惯。这是你的人生，只有你自己有权利定义它、完善它，但无论如何，需把握的原则都是一致的。为了改善你希望改善的地方，你需要改掉一些坏习惯来为新的好习惯腾出时间。

如果你希望拥有更美好的人生，你需要问自己以下问题：

★ 你能养成至少一个好习惯吗
★ 你能改掉一个坏习惯来为一个新的好习惯留出时间吗
★ 你能保证新的好习惯的养成并不太费时吗
★ 如何说服自己
★ 你的终极目标是什么？为了达成此目标你准备怎么做
★ 你能监督自己的进度并为自己的行为负责吗
★ 你能坚持到出现成效吗

如果你能以诚实的态度，正确地回答以上问题，现在就开始行动吧。

今天开始而不是拖到明天、下周甚至下个月，不要为自己找借口！

别再拖延你希望做出的改变，列出你所有的坏习惯，各个击破；再列出你希望养成的好习惯，一步步，慢慢使它们成为你生活的一部分。

从今天开始规划你未来的人生，记得你才是自己命运的主宰，没有你的允许任何人都不能成为你的上司或者家人，做自己命运之船的船长，引导这艘船驶向更美好的未来吧。

我希望你们都能养成好习惯，拥有更美好、更高效的人生。

# CONCLUSION
# 总 结

值得庆幸的是，本书当中介绍的一些方法会帮助你养成一些好习惯，也会指导你如何坚持好习惯使其能给你带来更长远的利益。明确养成一个好习惯所需的时间会使你更容易坚持下去。

请记住，你也可以消灭生活中的坏习惯来为好习惯留出时间，这也会使你的人生更高效。

养成并坚持写作的好习惯给我带来了很大的帮助。每天只需写 500 个词就能给我自己减负不少。它也让我在周末有更多自由做自己喜欢的事，一个月以后我的新书完成了至少 15000 字。将这种方法用到我生活的其他方面也让我很受益，我能坚持养成好习惯，相信你也能做到。

好习惯的坚持会带来好的影响。

改掉坏习惯会让你有时间养成新的好习惯。

把你的人生想成是一幅永无休止的拼图，一次养成一个好习惯就犹如持续添加新的更好的部分，能打造一个更好的你以及更好的未来。你对生活的态度越积极，生活也给你的馈赠也会越多。

让我们来概括一下本书涵盖的内容，帮助你回顾并记住未来你需要做的事情：

**技巧**

在第一章中我列出了多种技巧，它们能帮助你一步步地养成近乎所有好习惯。它们很有用！试着在生活中用到它们，看看它们带来的改变。

**列出你的好习惯和坏习惯**

这是习惯养成的重要一步：列出你的好习惯和坏习惯，然后看看哪些可以微调，哪些可以精简，接着将坏习惯各个击破。

列出你希望自己拥有的好习惯

这会帮你真正做到全神贯注，列出你希望养成的好习惯有助于你集中精力完成既定目标。

## 如何做到持之以恒

所有人都有过这样的经历，所以当它发生时，不必过度担心。别自暴自弃，好好分析为什么计划中断，什么时候中断的，并尽快回到正轨。

## 能改变生活的好习惯

我在这里列出了生活当中的一些主要方面，在这些方面我们可以最大限度地让好习惯来帮助我们管理好时间。还是那句话，如果有必要，你可以适当调整，使其更好地为你的生活服务。

## 了解我们日常的习惯

当我们放慢生活的节奏，我们就能开始反思生活，这让我们更了解自己，进而理解我们的习惯以及眼下我们的生存现状是如何一步步形成的。如果你能放慢脚步思考自己并不健康的饮食习惯，就可以帮助你实现瘦身等其他目标。

我们对自己了解得越多，对自己的控制也会更好。

## 吃与喝

这一部分我提出了很多帮助你更好规划生活，留出时间的好习惯。比如：提前准备第二天的事物，放入冰箱，晚上备好第二天的午餐等等。

## 睡眠

良好的睡眠习惯并没有引起人们的重视，但是它对于我们而言是极为重要的，它可以让我们一天的生活能够像闹钟一样正常运转。整晚的高质量睡眠能使我们第二天全神贯注，高效地完成一天的工作。而仅仅 3 小时或者 4 小时的睡眠时间会降低第二天的工作效率。我们的睡眠时间远远不够。要保证每晚至少 8 小时的睡眠。

## 健身

保持健康的习惯不仅会使我们身体健康还会使我们思维敏捷，但须确保这些习惯是对你的健康状况是有帮助的。对饮食的关注让我身体很多方面状态良好。将你的计划日程调整到最适合自己的状态，别“逞能”。如果你现在坚持每天跑 5 英里，能否将里程降到 3 英里呢?

## 工作

养成好习惯会让你的工作更有效率。本书推荐的技巧能够真正使你最大限度地利用你的工作时间，比如关掉邮件提醒，专注重要项目，比如即刻回复电话而不是被不停追问同样的问题，你甚至可以在工作中使用“番茄工作法”。工作不可拖延。既然你拿工资，就要做出和工资等值的工作。保持不拖延的工作习惯，你就会得到你想要的结果。

## 休息/社交/爱好

我们需要休息，如果我们不给自己休整的时间，我们会更加疲惫。务必给自己每天留出一些“我”时间，保证自己高效地利用私人时间。我们也可能在这一块浪费大量宝贵时间，所以确保在“我”时间里继续执行好习惯，才能使我们生活收益。我用大量的私人时间阅读和写作，成果之丰硕可以从 kindle 商店里我的作品数量见得。

### 家庭时间

尽早开始这个习惯并一定要坚持！陪伴家人实在是太重要了，时间稍纵即逝，所以一定要多花时间和家人在一起，告诉他们你对他们的爱。

### 个人生活/让家井然有序

生活中的好习惯会让你拥有更光明的未来，当你拥有好习惯并能将家安排得井然有序的时候，一切就会按部就班。比如，春天的大扫除会让人感受到秩序的美妙，尽量多打扫家里，每天留出 10 分钟来将家里打扫一番，一个月以后你会看到你的小家焕然一新。这是一个对每个人来说都很容易养成的好习惯。

### 做好应急准备

我知道人不可能做到万无一失，但你可以列出你能想到的所有可能出现的意外。养成提前做好准备的习惯会让你永远有预案，给你节省大把时间，也能帮你应对哪怕最尴尬的情形。

以上的步骤能真正帮助你逐步成长为一个习惯养成方面的专家，让我知道你生活中有哪些好习惯以及你是如何从中获益的。我期待听到你们成功的故事，请联系我：

ebooksbyjamie@gmail.com

让我们拥抱一个好习惯，创造的高效未来吧！

让我们共勉！

图书在版编目（C I P）数据

养成良好习惯，高效管理时间 / (英) 杰米 · 希尔著;
刘阳晓露, 关芊蔚, 安捷译. -- 天津 : 天津人民出版社,
2019.4
书名原文: Make Good Habits Stick to Maxmise
Your Time!
ISBN 978-7-201-14280-7

Ⅰ. ①养… Ⅱ. ①杰… ②刘… ③关… ④安… Ⅲ.
①时间-管理-通俗读物 Ⅳ. ①C935-49

中国版本图书馆CIP数据核字(2018)第270065号

著作权合同登记号：图字 02-2018-266 号


养成良好习惯，高效管理时间
YANGCHENG LIANGHAO XIGUAN GAOXIAO GUANLI SHIJIAN
[英] 杰米 · 希尔 著 刘阳晓露, 关芊蔚, 安捷 译

出　　版 天津人民出版社
出 版 人 刘　庆
地　　址 天津市和平区西路西康路35号康岳大厦
邮政编码 300051
联系电话 022-23332469
网　　址 http://www.tjrmcbs.com
电子邮箱 tjrmcbs@126.com

责任编辑 张　璐
产品经理 王　闻
封面设计 戈梦华

印　　刷 天津旭丰源印刷有限公司
经　　销 新华书店
开　　本 880 × 1230 毫米　1/32
印　　张 5.5
字　　数 37 千字
版次印次 2019 年 4月第 1 版 2019 年 4 月第 1 次印刷
定　　价 35.00 元